# 幼児の造形表現

渡辺一洋

# はじめに

■　造形表現の今日的課題　■

　幼児が身近な紙に絵画を描いたり，紙を丸めて見立てたりする行為は，日常生活の中で多く見られる光景である。幼児が日常を過ごす自然環境に目を向けてみると，形や色彩が溢れ，樹木や花，あるいは光の中には，保育に取り入れることのできる造形のアイデアが多く含まれている。幼児の身近な環境の中から造形作品に発展する素材を探し，幼児の造形活動を組み立てていくことは，急速に変化する現代社会だからこそ，大切にしていきたいテーマである。

　例えば，幼児の描いた絵画の中には，純粋な感動が詰め込まれており，身近な生活にある植物や動物あるいは遠足や季節の行事への思い出や喜びがのびのびと表現されている。このように，幼児の生活環境と造形表現は密接に結びついており，その中からどのように幼児の感性を育てていくかが，指導者の実践計画における手がかりになると考えられる。

　なお，本書は，保育者養成校において，幼児の造形表現を学ぶ学生，幼児教育に関わる幼稚園教諭，保育士，または，地域の文化施設，教育施設，美術館の中で，幼児と造形活動を行いたいと思っている人達にも参考になるような内容で構成している。21世紀は「感性」の時代ともいわれており，幼児の柔軟な感性は造形活動において，多くの可能性を発揮することができる。しかし，そこには，表現を引き出すための環境，教育方法，教育材料，教育する側が従来有効とされてきた，幼児との関わり方を踏まえることはもちろんのこと，さらには，新しく創造的な造形表現を探求しようという試行錯誤も必要となる。

　そもそも，原始時代から人類は洞窟に絵画を描き，石や木で何かを作るという活動を続けてきた。人間にとって芸術的な表現は，生活に潤いを与えるだけではなく，人間の営みや文化を伝え，創造力を養う重要な意味をもっていた。それらは，時空を超えて，今日まで途絶えることなく，私達現代人に引き継がれ，多様化した芸術表現も生まれてきている。

　幼児の造形活動の特性としても，原始時代に見られるような大地に根ざしたダイナミックな行為があり，そのこと自体が感性を形成するためにも重要な経験であるとともに，発達段階を豊かに形成していく時間でもある。

　従って，そこに関わる指導者は，その場に寄り添い，おおらかな気持ちで幼児の心身の発達を援助しつつも理論的な裏付けを持ち，幼児の表現に込めた思いを受けとめながら，そこから広がる造形思考を「描く」「作る」などの様々な表現方法から引き出していって欲しいと願っている。

　　　2014年12月

渡辺 一洋

# もくじ

はじめに　■造形表現の今日的課題■

## 第1章　幼児の造形表現の意義

1　表現することとは　…………………………………………………　9
2　幼児の発達段階と造形表現の特徴　……………………………　9
3　領域「表現」のねらい　………………………………………………　10
　❶　領域「表現」の内容　　10
　❷　「豊かな感性」とは　　11
　❸　多様な「表現」を受け止める　　12
4　人間の感性と表現の関係性　……………………………………　13
　❶　拡散的思考と感性　　13
　　[演習①]　　14
　❷　幼児の絵画を通した感性と構成要素　　14
　　⑴　絵画における『線』について　　14
　　⑵　絵画における『色名表の意味・裏の意味』　　15
　　　❶幼児の絵画における評価について　　15
　　　❷幼児への言葉掛けの事例　　15
　　　❸幼児の絵画の色彩傾向　　16
　　　❹幼児の絵画における色彩の組み合わせ　　16
　　　❺幼児の絵画と心理的な絵画表現　　16
　　　❻シンボル　　17
　　[演習②]　　18
　　⑶　幼児の発達と描画の展開（「描く」ことと発達段階）　　21
　　　❶幼児の絵画の特徴　　21
　　⑷　幼児の発達と造形活動の展開（「作る」ことと発達段階）　　31
　　　❶幼児の作る行為の特徴　　31
5　造形表現の歴史　……………………………………………………　38
　❶　明治，大正，終戦　　38
　❷　戦後から現代　　39

6　現代社会における幼児の造形表現　………………………………………… 40
　　　　[ 演習③ ]　41

**第 2 章　造形に発展する素材と表現方法の手がかり**
　　1　「描く」からつながる造形表現　………………………………………… 43
　　　❶　「描く」造形表現　43
　　　❷　幼児の絵画の中にあるメッセージ　44
　　　❸　造形表現のための描画材料の種類　46
　　　　①　クレヨン・パス　46
　　　　②　絵　具　46
　　　　③　鉛筆，色鉛筆　47
　　　　④　マーカー，フェルトペン　47
　　　　⑤　墨　汁　47
　　　　⑥　チョーク　47
　　　　⑦　自然素材　47
　　　❹　幼児による描画の技法　47
　　　　①　フィンガーペインティング（指絵）　47
　　　　②　スタンピング　48
　　　　③　ステンシル　48
　　　　④　フロッタージュ　49
　　　　⑤　デカルコマニー　49
　　　　⑥　マーブリング　50
　　　　⑦　コラージュ　50
　　　　⑧　切り絵　51
　　　　⑨　墨　絵　51
　　　　⑩　紙版画　52
　　　　⑪　ローラー版画　52
　　　　⑫　パソコンを使った描画　52
　　　❺　絵画を描くための様々な紙の種類　52
　　　　❶画用紙　52
　　　　❷色画用紙　52
　　　　❸ケント紙　52
　　　　❹アート紙　52
　　　　❺クラフト紙　52
　　　　❻更　紙　52

❼模造紙　52
❽白ボール紙　52
❾黄ボール紙　53
❿木炭紙　53
⓫地紋紙　53
⓬ダンボール紙　53
⓭和　紙　53

2　「作る」からつながる造形表現 ……………………………………… 53
　❶　「作る」造形表現　53
　❷　造形表現のための「作る」材料の種類とその技法　53
　　①　「作る」に発展する材料　53
　　　❶コピー用紙　54
　　　❷新聞紙　54
　　　❸ダンボール　55
　　　❹折り紙　55
　　　❺紙　皿　56
　　　❻紙コップ　56
　　　❼牛乳パック　56
　　　❽お菓子の空き箱　56
　❸　幼児による「作る」の技法　58
　　①　対称形づくり　58
　　②　二つ折りを立たせる　58
　　③　パクパク人形　59
　　④　けん玉　59
　　⑤　紙のシーソー　60
　　　[演習④]　60

# 第3章　様々な素材との出会い

1　「紙」とふれあう造形表現の実践 ……………………………………… 61
　❶　新聞紙　61
　　　[実践例①]　ちぎって，つなげて　61
　　　[実践例②]　着飾ってファッションショー　62
　❷　画用紙　63
　　　[実践例①]　画用紙の影絵　63

　　　　[実践例②]　紙相撲　65
　❸　色画用紙　66
　　　　[実践例①]　ポップアップカード　66
　　　　[実践例②]　壁面製作　68
　❹　ダンボール　69
　　　　[実践例①]　手作りダンボール紙芝居　69
　　　　[実践例②]　ダンボール箱で遊ぶ　71

2　「描画材料」とふれあう表現 …………………………………………… 72
　❶　絵具の種類　72
　　　①　油絵具　72
　　　②　パステル　72
　　　③　日本画用絵具　72
　　　④　版画用絵具　72
　　　⑤　水彩絵具　72
　　　⑥　アクリル絵具　72
　❷　クレヨンやパス　73
　　　　[実践例①]　生き物への眼差し　73
　❸　水彩絵具　73
　　　　[実践例①]　野菜や植物を描く　73
　❹　小麦粉絵具　75
　　　　[実践例①]　フィンガーペイントで手触りを楽しむ　75
　❺　墨　76
　　　　[実践例①]　墨絵を描く　76
　❻　絵具の応用的表現　77
　　　　[実践例①]　作品からのインスピレーション　77
　　　　[実践例②]　ワークショップ・海の中を描く　79

3　「粘土」とふれあう表現 ………………………………………………… 80
　❶　小麦粉粘土　80
　　　　[実践例①]　乳幼児から楽しむ小麦粉粘土　80
　❷　紙粘土　81
　　　　[実践例①]　自然素材を取入れた紙粘土のオブジェ　81
　❸　油粘土　83
　　　　[実践例①]　油粘土で形を作る　83

4　「自然」とふれあう表現 ………………………………………………… 85
　❶　日本の四季の中の造形思考　85

❷ 四季の草や花　85
　［実践例①］　草や花に装飾する　85
❸ 木　材　86
　［実践例①］　木材で積み木を作る　86
❹ 落ち葉　87
　［実践例①］　落ち葉で表現する　87
❺ 土や砂　88
　［実践例①］　土や砂のごっこ遊び　88
❻ 光　89
　［実践例①］　光と影のデッサン　89
❼ 風　91
　［実践例①］　フリスビー　91
❽ 水　92
　［実践例①］　リサイクル素材による船　92
❾ 自然環境の中で　93
　［実践例①］　絹に絵を描く　93

5　「音や言葉」とふれあう表現　…………………………………　94
　❶ 身体と造形表現　94
　❷ 仮装やなりきりによる表現　95
　　［実践例①］　民話を仮装する　95
　❸ 音と造形表現　97
　　［実践例①］　音を描く　97
　❹ 言葉と造形表現　98
　　［実践例①］　手作り絵本　98
　❺ お話や物語による造形表現　100
　　［実践例①］　コラージュ紙芝居　100
　　［実践例②］　立ち絵紙芝居で遊ぼう　102
　　［演習⑤］　104

## 第4章　地域環境の場と幼児の造形表現の関わり

1　地域施設との連携　………………………………………………　105
　❶ 地域の中の大人と幼児　105
　❷ 地域施設や団体と連携した造形活動　107
　　［実践例①］　劇団と連携した造形活動（地域の文化発掘）　107

　　　　① フィールドワーク　　107
　　　　② 実践のプログラム　　108
　　❸ 参加者のアンケート結果とサークルJの学生の感想　　109
　　　[実践例②]　地域の文化施設や機関をつなぐ造形活動　　111
　　　　① 実践のプログラム　　111
　2　美術館との連携 …………………………………………………… 113
　　❶ 幼児の鑑賞活動　　113
　　　① 幼児の鑑賞方法　　113
　　　　❶アートゲーム　　114
　　　　❷対話型鑑賞　　114
　　　　❸鑑賞から表現につなげる　　114
　　　② 美術館と鑑賞活動　　114
　3　行事における造形表現 …………………………………………… 115
　4　情報化社会における造形表現 …………………………………… 116
　5　グローバル化する社会と造形表現 ……………………………… 116
　　　　[演習⑥]　　118

参考資料
　●幼稚園教育要領　　119
　●保育所保育指針　　125

# 第1章 幼児の造形表現の意義

## 1 表現することとは

　表現は、一般的には「内面的なものを、外面的なものとして客観化すること」であり、「顔の表情・ジェスチャーなどの身振り、言葉、造形物」を主として、客観的な形象になっていく。ここでは、人間独自の感性から成る個人的な視点が混ざることによって、十人十色の表現が現れる。

　人間は、「思い、考える」ということを脳内で複雑に連鎖させるが、それらは表現されることによって、他者へ初めて伝達することになる。さらに、言葉に含まれる意味としては、次のように整理することができる。

| | | |
|---|---|---|
| 表 | ➡ | 表出、心の中にあるものが外にあらわれ出ること。 |
| 現 | ➡ | 出現、実際にあらわし出すこと。 |

　幼児の生活と遊びは造形活動にとって関わりが深く、幼児がどのような生活環境や地域風土で過ごしているかは、造形作品になる時に多くの影響を与える。例えば、自然豊かな場所と都市部では、季節の各風景や文化、生活スタイルが異なることから、幼児のイメージの形成にとって、多様な変化があると考えられる。そのため、指導者は、幼児が表現した作品からイメージやメッセージを読み取り、その幼児がどのようなことに興味を抱き、感性を現しているのかについての読解をすることによって、円滑な造形活動を展開していくことができる。

　また、時として表現は、日常体験を基にした心の中の大きな喜びだけでなく、満たされないモヤモヤした不安な思いを映し出すことがある。したがって、幼児の体調や生活状況を見据えながら、柔軟な造形指導を計画していく必要がある。

## 2 幼児の発達段階と造形表現の特徴

　幼児とは、「満1歳から小学校に就学するまでの子ども」を示すことを、ここで改めて確認しておく。0歳の乳児は、物体を見て、それを見つけるとハイハイをして、その物体をつかみながら感触を確かめ、さらには、それを口に入れて舐める行為をする。

　図1は0歳7か月の乳児（男児）に鉛筆を握らせ、指導者がその手を握り、描画行為のシュミレーションを行い、一緒に紙に描画した後、乳児だけで別の紙に描画を行わせた作品である。

この時，乳児は鉛筆を4，5回，紙にたたきつけて放り投げた。その後，鉛筆を用いた紙への描画に興味を示すことはなかった。このように，0歳児の乳児にとっては，描画ということへの表現的意味がもちにくく，ある一定の時間を使った描画行為に発展しにくい発達段階であることがわかる。

　一方で，生後半年がたった乳児であれば，紙をくしゃくしゃにしたり，まるくつぶしたりという行為はできるため，素材を楽しむ遊びを取り入れた造形活動をすることが可能であり，素材や表現方法を変化させて造形活動を考えていくことができる。

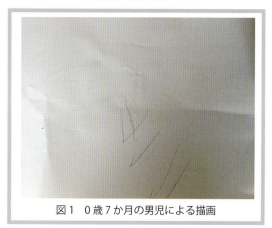

図1　0歳7か月の男児による描画

　したがって，心に残った1つのイメージを脳裏に意識しながら行う絵画表現は，0歳の乳児にとっては難しい行為であるが，紙をくしゃくしゃにしたり，やぶいたりする活動は，1歳頃から非常に活発になっていき，様々な素材への関わりに広がっていく。

　このように，幼児があるプロセスにとらわれない方法で，ものへ関わり，形を作ったり，素材自体を楽しむことの行為を「造形」と呼び，折り紙で折り鶴を折るなどの決まった方法で製作を進める行為を「工作」と呼ぶことにおいて，言葉のもつ違いがあることを，ここで確認しておきたい。

**工作** ➡ 決まっている
（例：折り紙を折るなど。いわゆる1つの製作方法が提案されている作る行為）

**造形** ➡ 決まっていない
（紙をやぶるなど。造形は，幼児がしたいことから始まる作る行為）

　幼児にとって，日本古来の伝統的な「工作」にふれることには多くの意義があり，「工作」の活動は，伝承という行為においては大切な視点である。一方，本書のタイトルにもなっている「造形」は，未知数の活動にもなり，決まっていない形を探しながら，造形の行為と過程自体も重視する感覚的な活動であるといえる。

　幼児の「表現」（5領域）において，「感じたことや考えたことを自分なりに表現することを通して，豊かな感性や表現する力を養い，創造性を豊かにする」という記述があるように，造形表現においては「完成作品だけでなく，途中で幼児が発した言葉や製作のプロセス（どのように作っていったか）」を重視する必要がある。

## 3　領域「表現」のねらい

### 1　領域「表現」の内容

　幼稚園教育要領や保育所保育指針では「保育内容」として，幼児の主体性や生活習慣など，人間としての基礎的な力を養うために保育で重視する「健康」「人間関係」「環境」「言葉」「表現」の5領域を示しており，領域「表現」

は他の領域と関連しつつ，幼児の感性的な面における育ちへつながることが期待されている。領域「表現」の「ねらい」は 2008 年の改訂では変更されておらず，保育所保育指針の領域「表現」の「ねらい」も次のように同様な内容である。

① いろいろなものの美しさなどに対する豊かな感性をもつ。
② 感じたことや考えたことを自分なりに表現して楽しむ。
③ 生活の中でイメージを豊かにし，様々な表現を楽しむ。

日本の自然環境や風土には，①〜③のことについて，幼児が豊かに造形活動を行う可能性が多くあると考えられるが，例えば，②の「自分なりに表現して楽しむ」ためには，幼児の日常生活における造形活動の体験や保育者の環境設定が大きな影響をもっている。そこで，「豊かな感性」と「表現」について，次に確認していきたい。

## ❷ 「豊かな感性」とは

21 世紀は「感性」の時代ともいわれるが，幼児に「いろいろなものの美しさ」を見つめる感性を養うためには，生活の中にある園環境，家庭環境から得る五感を通した情報が重要である。

幼児は「作りたい」「まるめてみたい」などの興味をもち，その時々の思いを形にしながら，作品を製作し，その後，大人に対して「見て見て」などとコミュニケーションを求めてくる。その際，返ってくる大人側の声掛けやリアクションによって，造形活動の方向性が左右される。

ところで，筆者は，造形活動につながる幼児の感性について，図 2 のような仮説をもって，幼児の造形表現の可能性を検討している。

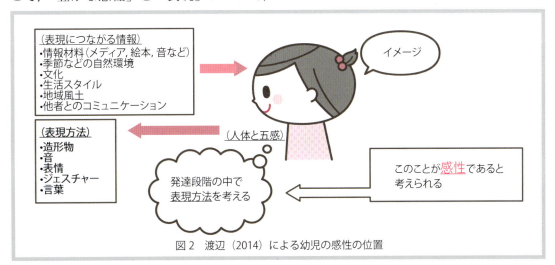

図 2　渡辺（2014）による幼児の感性の位置

つまり，感性とは，図 2 にあるように「発達段階に応じた状態において，自分と対話しながら表現方法を考えて決めること」と筆者は，位置づけている。

さらに，「表現につながる情報」として，図 2 の左上にある「情報材料（メディア，絵本，音など），季節などの自然環境，文化，生活スタイル，地域風土，他者とのコミュニケーション」を受信し，「感性，イメージ，人体と五感」を通して，「表現方法」として「造形物，音，表情，ジェスチャー，言葉」になるという循環的な機能をもっていると予測し

ている。

　この仮説は，あくまでも現段階での筆者の位置づけであるが，筆者がこれまで関わった幼児への多数の造形活動の中で，考察を加えた実践から抽出してきた有効な要素を整理した図式である。そのため，本著においては，図2で示した基準をもって造形指導を考えていくことにしたい。

## 3　多様な「表現」を受け止める

　幼児は，何気なく手に取った紙やダンボールに思いついたまま描いたり，くっつけて何かの形にしながら，自分の表現したいことを試してみようとする。それらは自発的に表現しようとする行為であり，ある意味ではどのような表現も許されるであろう。

　しかし，他者と関わる場合，その表現を受け止め，理解しようとすることからコミュニケーションが生まれる。すなわち，幼児が表現することには，その中に「感情や言葉，思い出，時間，環境」などの様々な要素が含まれている。

　また，教育方法のスタイルも現代社会の中で変化してきたといえる。例えば，図3（注①）にみられるような幼児との関わり方がいくつかあるが，現代に求められる教育方法は，どのようなスタイルであろうか。

　図3の左側にある「線路型」は戦後に行われた日本の伝統的な教育スタイルであり，集団が1つの目標に向かって，同じ方向を目指してきたスタイルである。「放牧型」はいわゆる「ゆとり教育」といわれるもので，ある囲いの中で放牧しながら，自由に教育を行う形である。これらの2つの教育方法は，期待をされつつも時代の変化の中で，有効な結果が認められず，その後，継続されてこなかった経過がある。

　その上で，21世紀の現代社会に期待されているスタイルが「ガードレール型」といわれる教育方法である。これは，集団の中で1つの目標を置きながらも，それぞれの幼児へ寄り添いながら，その幼児に合った指導によって，最終的な目標を達成していく方法である。

　このスタイルは「ファシリテーション（促進する）」として，近年，注目されており，一方的に指導するだけではなく，幼児が自ら何かを見つけ出したり，問題の解決策を検討するなどの意義が多く含まれている。

　また，その場に関わって，活動を促進する教育者をファシリテーター（活動を円滑にコーディネートしながら促進していく役割）と呼び，幼児の活動を豊かに育んでいくことについて，さらなる可能性が期待されている。なお，様々な教育者のタイプとしては，図

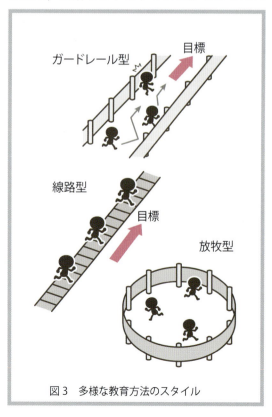

図3　多様な教育方法のスタイル

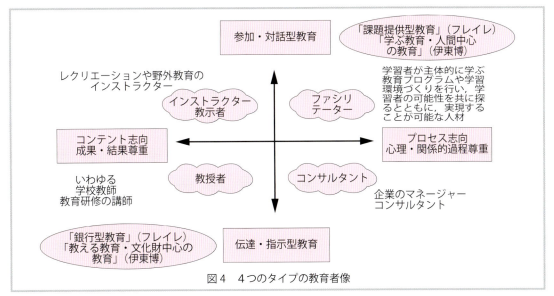
図4　4つのタイプの教育者像

4（注②）のように教育のスタイルによって，整理されている。

## 4　人間の感性と表現の関係性

### ❶　拡散的思考と感性

幼児の創造性にはユニークで新しいものを生産するような拡散的思考（図5）が関与している。このことが「柔軟な思考力」といわれる幼児の造形に関わる主たる能力である。

図5　拡散的（さまざまな方面に飛び散るイメージ）な幼児の造形思考

人間の知的能力に関するIQは，知能指数（Intelligence Quotient）といわれ，「記憶する能力，計算力（正確さと速さ），学習」の能力を示し，先天的要素が大きいといわれている。その一方で，柔軟な思考力は，「環境への適応，まとめる能力，統率力，規則性を見出す能力，一つの知識を他のものや状態と関連付けて理解する能力」として，EQ（心の知能指数：Emotional Intelligence Quotient）といわれ，後天的に身につけられる能力であると考えられる。また，それぞれの能力を高めるためには，その経過において，次のような特性がある。

> IQを高める方法
> ➡　努力，根気，苦しさ
> 　　➡　つまりストレスを与え，情緒不安
>
> EQを高める方法
> ➡　遊び心と好奇心
> 　　➡　積極性を生み，情緒の安定

EQは，心の知能（英：Emotional Intelligence, EI）を測定する指標である。心の知能とは，自己や他者の感情を知覚し，自分の感

情をコントロールする知能を指す。これは，情動，いわゆる「頭のよさ」を指し示すIQ（知能指数）に比した概念であり，IQがおもに「知能」の発達速度を示すのに対して，EQは仕事への取り組み姿勢や人間関係への関心の度合いなどを感情という視点から測定する指数である。

例えば，社会的に成功する者の多くは，情動を調整する能力に長けているとされるが，EQにおいては，問題処理能力や事務処理能力に加え，環境に適応する能力あるいは仕事に対するモチベーションをコントロールする力など，知能を多面的にとらえた，より実質的な判断基準として，企業の採用や人材育成などの判断材料に用いられている面がある。

### ▼ 演習1 ◢

さて，幼児の思考は，拡散的であり，発散型知能（ブレーンストーミングなど）の特徴があると述べたが，その経路はどのように進んでいくのかについて，演習を通して体験してみたい。

【例】『鉛筆・消しゴムについて論じよ』という問いをやってみよう。

※時計で1分間の時間を計り，「鉛筆，HB，黒，デッサン」……というように『鉛筆』から思いつくコトやモノを書き出してみる。その数が多い人ほど拡散的思考が高いと考えられる。

## 2 幼児の絵画を通した感性と構成要素

幼児の絵画を分析する基準は大きく分けて，以下の6種類がある。
① 線
② 図　形（フォルム）
③ 構　図
④ 色　彩
⑤ ストローク（筆勢）
⑥ シンボル

ただし，各要素（部分）だけを見るのではなく，絵画の画面全体を判断しなければならない。

ヴィクター・ローウェンフェルド（注③）は，幼児の絵画における心理分析などで知られ，多数の幼児の絵画とその中にあるメッセージを受け止めている。

そこに関連した絵画構成要素については，次のような種類と傾向がある。

### 1 絵画における『線』について
- 直線：意思的，ひきしまった感じ
- 縦線：努力的，ひきしまった感じ
- 横線：安らかな感じ，安定感
- 斜線：活動的，積極的，落ち着きがない，運動的
- 水平線と垂直線：理屈っぽい，理知的，頑固，言い出したら聞かない
- 曲線：温和，協調性，やさしい，おとなしい，いくじがない，気が弱い，円滑円満，安全
- 半円・円弧：動き，張り
- ら線・渦巻き：リズム，ゆるやか，上昇的，流動的，回転
- ギザギザ線：イライラしている
- 乱線（力強い乱線）：集中力の欠如，落ち着きがない，わがまま，過保護

- とぎれとぎれの線散漫：落ち着きがない，意欲がない，活気がない，わがまま
- 細い線（細かい線を好む場合）：神経質，イライラ，気が弱い
- 中心から外へ向かう線：自己主張が強い，意志的，積極的，行動的，外交的
- 外から中心に向かう線：内気，積極的，内向的，協調性がある

### 2 絵画における『色名表の意味・裏の意味』

幼児の色彩の判断は，以下のように分類できる。例えば，「赤」を使った幼児の絵画の場合，「鮮やかな赤」はポジティブ（プラスになるような前向きな気持ち），「濁った赤」はネガティブ（マイナスになるような後ろ向きな気持ち）として，同じ色彩でも色彩の彩度から判断することができる。

- 赤：愛，喜び，敵意，攻撃，怒り
- 黄：幸福，甘え，人なつっこさ，気の弱さ，イライラ
- 橙：喜び，親しみ，外向性欲求不満
- 緑：自信，自己満足，安定，秩序，にくしみ，嫉妬
- 青：不安，葛藤の克服，メランコリー，悲しい，さびしい
- 紫：プライドが高い（自尊心），孤独，不幸な状態
- 茶，肌色，黄土色：スキンシップが満たされている。スキンシップが満たされていない。
- レモンイエロー：量が多いときには病的なヒステリー
- 黒：攻撃，不安，恐怖（他の色の裏の意味を強調する）
- 白：無意味，無感動

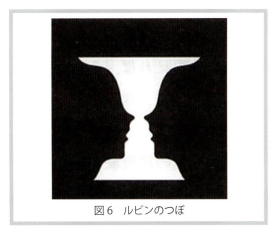

図6 ルビンのつぼ

図6は，よく見ると，壺の外側の形は二人の顔が向き合っているようにも見える。また，壺を意識すると，向かい合った顔はただの背景に見える。人間の知覚には，何か一つのものを意識すると（図という），その他のものは背景（地という）と感じる性質がある。

この視線は，幼児の絵画作品を指導者が見た時に，幼児の思いとは別の側面を受け取って，評価してしまう「評価の差」につながる危険性にもなりうることが考えられる。

#### ❶ 幼児の絵画における評価について

幼児の絵画の評価については，アニミズム思考，シュールレアリスム思考を入れていくことも有効な方法に発展させることができる。

例としては，次のようなことが考えられる。ここでは，『もし……』による空想の世界で因果関係を作ることをシュミレーションしてみたい。ただし，その根底には，幼児の出したアイデアは絶対に非難せず，それを肯定して，先を促す指導を大切にすることが前提となる。

すなわち，「物は言い様」ということにもなるという考え方である。

#### ❷ 幼児への言葉掛けの事例

ここでは，幼児に対する否定的な表現と肯

定的な表現を比較しながら，少々極端に取り上げてみたい。

| 否定的な言葉かけ | 肯定的な言葉かけ |
|---|---|
| 『ありえない』× ➡ | 『あったらおもしろい』◎ |
| 『汚い』× ➡ | 『力強い』『気持ちいい』◎ |
| 『小さくて貧弱』× ➡ | 『小さくてかわいい』◎ |
| 『雑』× ➡ | 『思い切りがよい』『大胆』◎ |
| 『何が何だかわからない』× ➡ | 『独創性』◎ |
| 『飽き性』『短気』『集中力がない』× ➡ | 『いさぎよい』『シンプルイズベスト』◎ |
| 『ありがち』『代わり映えがない』× ➡ | 『完成度が高い』◎ |

### ❸ 幼児の絵画の色彩傾向

幼児の絵画の色彩傾向は，次のような傾向を読み取ることができる。

- 明るく鮮やかな色彩：心の安定，明るい気分
- 濁った色彩で汚す：イライラして不安定，不満な状態
- 鮮やかな色彩の上に他の色彩を重ねて汚す：不満，不幸の反映
- 暖色（黄・赤・橙）：明朗，協調性，依頼心，甘え，外向的，積極的⇒情緒の色彩
- 寒色（青，緑，紫）：知的，意志的，攻撃的，内向的，孤立的⇒知性の色彩

※単色における色彩の意味についての分析で注意することは，色彩には表の意味と裏の意味があり，色彩の塗り方（ストローク），又は組み合わせる色彩により，表の意味になるか，裏の意味になるかが決まる。

### ❹ 幼児の絵画における色彩の組み合わせ

色彩の組み合わせには，次のような幼児の心理的な不足要素が確認された。

- 赤と緑：嫉妬，ジェラシー
- 黄と橙：イライラした状態
- 黄緑と橙：スキンシップの不足，生理的飢餓の状態
- 黄と水色：気が弱い，臆病，内向的，意志薄弱，身体が弱い
- 黄と紫：甘えが満たされずに我慢している。プライドが高く，甘えられない。
- 紫と蛍光ピンク：ヒステリー，イライラ，情緒欠如
- 紫と黄緑：神経の緊張（おねしょ，おもらし）

### ❺ 幼児の絵画と心理的な絵画表現

幼児のストローク（筆勢）は，次のような傾向がある。

- 縦のストローク：情緒が荒れている
- 横のストローク：情緒がおだやか
- 中心に向かう丸いストローク：内向的
- 強いストローク：性格が強い，自我がしっかりしている
- 弱いストローク：自信がない，臆病，無気力，気が弱い

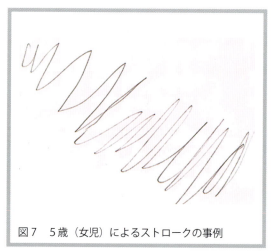

図7　5歳（女児）によるストロークの事例

### ❻ シンボル

幼児は意識した状態で父，母，自分などを描く以外に，無意識にシンボルとして父母や自分を描く。幼児が無意識で描く心理状況は，それらのシンボルに投影される。

- 父親のシンボル：太陽及び山
- 母親のシンボル
  男児の場合：動く乗り物（自動車，電車，船，飛行機など）
  女児の場合：家
- 自分自身のシンボル：木（男女共通）。特に女児の場合は，花，蝶々，人形など愛らしくかわいいものがシンボルになる。
- 自分をおびやかす人（こわい人，きびしい人，いじめる人等）：怪物，お化け，怪獣など（家庭内外で自分をおびやかす人がいる場合，怪物やお化けを手下にして防衛体制を作る）防衛的表現
- 女児の場合，家は自分を包み保護するものと考え，母親にそのイメージをだぶらせる。

### ■ その他の幼児の絵画事例

- 宙返りをしている人物（目立った行動）：注意をひきたがる，他人とは違うという感情
- 消すこと：葛藤。こうありたいのだけどできない。否定
- ライト（電灯など）：愛情と暖かさ（ライトにあたる人物とあたらない人物に注目）
- 星をよく描く：剥奪感（大切なものを奪い取られた感情）
- はしごなど不安定なもの（斜面，斜めの構図）：緊張，不安定
- 水中を好んで描く：メランコリー（憂鬱），常に押さえつけられているような重い沈んだ感じ

図8　5歳（女児）のシンボルのある風景

### ■ シンボルの意味

- 太陽や山は自分の背中で大きくそびえ，自分を見守る存在⇨父親のシンボル
- 動く乗り物は男児が外界へ出て活動する時の推進母体⇨母親のシンボル（男児の場合）

### ▾ 演習❷ ◂

『こんな時どう声掛けをしますか？様々な幼児の描画行為への対応』を考えてみよう。次の🅐〜🅕のような年長クラス（5歳児）の幼児がいた場合，あなたは，どのようにその幼児に指導することが考えられるであろうか。

以下の「幼児への対応」の文面を読まずに，各幼児への対応の場面を思い浮かべながら，指導者の立場としての具体的な声掛けを書き出してみよう。

🅐 キャラクターばかり描いている
🅑 絵画をぐちゃぐちゃに描いている
🅒 絵画を小さく描く
🅓 あっという間に描き終わってしまう
🅔 お友達のまねをして描く
🅕 絵画を描きたがらない

### ◼ 幼児への対応

ここからは，演習❷の各幼児の指導についての事例を紹介していく。

#### 🅐 キャラクターばかり描いている

幼児はキャラクターが好きで「大きくなったら仮面ライダーになる」と意気込んでいる場合もある。このような幼児は「描きたい意欲がとてもある」とも言える。そこで，キャラクターばかり描いている幼児に対しては，「キャラクターを描いちゃったよ」という気持ちで接するのではなく「うわ〜，かっこいい。強そうだな〜。この人の名前は？……仮面ライダーっていうの？　○○くんは仮面ライダーのどんなところが好きなの？」など，その幼児の絵画の中に入ったような気持ちで聞いてあげることが大切である。そこから，幼児の世界が広がっていくことは多いため，話をしながらキャラクター以外の描画に向かうことを目指していきたい。

また，このように意欲のある幼児が，他の表現ができるような題材（テーマ）設定を考えていくことも大切であり，様々な絵画のエネルギーを発揮させる工夫をしていきたい。

#### 🅑 絵画をぐちゃぐちゃに描いている

絵画をぐちゃぐちゃに描いている幼児の多くの場合は，ぐちゃぐちゃ描きを必要としている心の状態が考えられる。

例えば，以前は描けていた幼児が描けなくなった場合は，何かきっかけになる出来事があったことが予測される。さらに，「退行」の可能性もあり，退行している状況であれば，退行する原因は「赤ちゃんに戻りたい」心が根底にあると考えられる。

その場合は，家庭環境を把握（例えば，下に兄弟ができたことによる非中心化はないかなど）し，指導方法を検討していきたい。

さらに，ぐちゃぐちゃ描きを楽しんでいる場合は，その幼児を決して叱ることなく，気持ちよかったね」などの言葉掛けをしながら，気持ちに共感してあげることを大切にしたい。

状況によっては，ぐちゃぐちゃ描きをしてすっきりした後，また描いてみると，いつもその幼児が好んで描いている絵画を描く場合もある。ただし，もう1枚描くことを押しつけないように注意していきたい。

図9，図10は，筆者が内モンゴル（中国内の自治区）の幼稚園を研究調査で訪れた際に出会った，絵画をぐちゃぐちゃに描いた幼児の作品である。内モンゴルが所在する中国では，幼児の美術教育において，塗り絵の実践がポピュラーであり，現地の幼稚園を訪れた際もピエロや猫などのイラストに，色鉛筆やクレヨンで色塗りをした作品が多数展示されていた。

図9　ぐちゃぐちゃ描きをした5歳の男児の塗り絵

図10　線を塗りつぶした4歳の男児の塗り絵

　その作品群の中で，ある2つの作品が印象深く筆者の心に残った。図9，図10は，同じ太陽のイラストであるが，図9の幼児は，赤，黄緑，最後は黒のクレヨンを用いて縦の線でイラストを塗りつぶしている。また，図10の幼児は，横や斜めの線を重ねながら，黄土色，水色，黄緑，黒，紫の順でイラストを塗りつぶしている。いずれも男児であるが，現地の幼稚園の担任に確認したところ，各幼児は，家庭内で様々な出来事があり，不満や悲しみ，怒りなどが混在し，幼稚園内の行動においても攻撃的な態度が見受けられるとのことであった。

　このような傾向の幼児の多くは，時間や成長とともに，他の幼児と同じようにイラストの線に沿って色彩を塗っていく塗り絵に戻っていくことが予測され，一時的な場合が多い。したがって，その時々の幼児の心に寄り添いながらも，絵画の中にある幼児のメッセージを読み取ることが大切になっていく。

### C　絵画を小さく描く

　小さく描く幼児に「大きく描いてごらん」とは言わないほうが適切である。小さく描くには小さく描く理由があってのことであり，「自信がなくて小さく描いてしまう」ということが考えられるため，自信を持たせる指導を心がけることを優先したい。

　では，どうして自信がないのであろうか。「自信」という字は，自分を信じると書くが，自分を信じることは自分を認める保護者が存在することによって，安心して実行できることである。

　そこで，具体的な指導としては，絵画を小さく描く幼児に「大きく描きたくなるように，大型のダイナミックな作品から絵画の面白さを感じさせたり，描画する素材を変化させる」ことを検討していきたい。

### D　あっという間に描き終わってしまう

　まずは，幼児が元気よく描いた気持ちに共感するところから始めていきたい。例えば，顔を描いた場合「すごく優しいお顔だね。これはだーれ？」など，そのことによって，幼児は話をしているうちに，新たに想像力が刺激され，描きたくなる題材を見つけ出すことにもつながっていくことが考えられる。

　このような幼児が指導する集団の中に多い場合，テーマや描画素材について，幼児が興味をもてない題材や造形素材ではないかを見直して指導を工夫していきたい。

### E　お友達のまねをして描く

お友達を真似したり，真似される状況はよく観察していく必要がある。

具体的にはお互いが仲良しで同じ絵画を描いていることを楽しんでいる感じなのか，それとも一方的に真似され真似している関係なのか，いつも同じ幼児同士でおきるのかなどを分析していきたい。この際いつも同じ二人でいつも一方が真似されている場合は注意が必要である。

では，どうしていつも真似するのであろうか。この場合，真似をする幼児には自信がないことが予測できる。そこで，まずは真似をしている幼児の絵画を上手にほめる必要がある。どんなに真似をしても完全なコピーはできないため，その幼児の個性を描画の中から見つけ出していきたい。

そこで，小さく描いてしまったところは「〜ちゃんのは大きくて元気な感じが良いね。あなたのは○○○のところが，小さくてかわいいね」など，そのままの視点や個性の違いを引き出していくことを重視したい。

そして，そのような状況が起きていることにテーマのわかりずらさ，マンネリ化などがないかを再確認してみたい。

### F　絵画を描きたがらない

この場合，まず，どうして描かないのか原因を考えてみたい。ここでは，その主たる原因と考えられる5つの傾向を検討してみることにする。

①とまどって何を描けばいいのか思いつかない。
②上手に描きたいけど自信がなくて描くことができない。
③描きたいのに描けないものがあって困っている。
④指導者にかまってもらいたい。
⑤何か出来事があったことによって描ける気分ではない。

①〜⑤のような様々な原因が考えられるが，その場の様子やその幼児の家庭環境などを把握しながら，描画指導や内容を考えていくことを大切にしていきたい。

### ■課題によって素材を考えよう

これまで A 〜 F の事例の幼児の描画を取り上げてきたが，幼児がよく使う道具（素材）は，次の4つ（絵具，クレヨン，カラーペン，鉛筆）が主に考えられる。

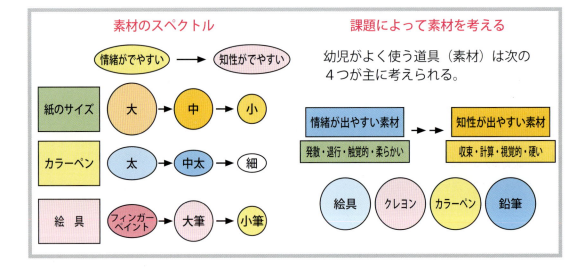

「素材のスペクトル」にあるように，手で描く「フィンガーペイント」と筆を使って描く描画では出来上がる絵画作品に違いがあり，紙のサイズによっても違いが出る（注④）。

幼児の多様な描画活動の指導につながるように発達段階や季節によって，描画する素材を選択していきたい。

## ❸ 幼児の発達と描画の展開（「描く」ことと発達段階）

紙を目の前にして，いつのまにか幼児は手元にあるペンやクレヨンで線を描き始める。それらは，潜在的な意識とも考えられるが，成長とともになぐり描きが円になり，やがて客観的にも人物などの認識ができるような形の発展が見られていく。

幼児が絵画を描く時，その場に寄り添っていると，自分の絵画についてお話を始めたり，説明をしたりする。そこには，言葉が豊富ではない幼児が相手に伝えたい大切なメッセージや気持ち，希望や感動などが込められている。

この時期に大人側が共感したり，絵画を通した豊かなコミュニケーションを意識することは，幼児の豊かな成長へとつながるため，絵画を読み取りながら，幼児の活動に関わることを大切にしていきたい。次に，具体的な描画の発達段階について取り上げていく。

### ❶ 幼児の絵画の特徴

乳児に描画材のクレヨン等を与えると口に入れて確かめる行為が見られる。しかし，成長していくにつれ，見守る大人側が，その場面で，口に入れないように注意をする時期はだんだんと少なくなっていく。場合によっては，その乳幼児期において，例えば，０歳後半から１歳児にかけて，描画材を与えると地面や壁に打ちつけたりした偶発性のある描画が描かれる場合がある。この時期から成長するにつれて，本能的に何かを描くという行為につながっていく。

このように，人間が古代から継続してきた描くという行為には，どのような意味合いがあるのだろうか。各幼児期の特徴をおさえながら，その魅力に迫っていくことにしたい。

日本において，戦後に影響を与えた思想家の一人は，イギリスの詩人・美術評論家で，美術教育の今日の基本的な考え方にもなっている「美術教育は芸術家の養成のためになされるのではなく，芸術を通して豊かな人間性を育てることに目的がある」という考え方を定着させたハーバート・リード（Herbert Read，1893-1968）である。

『芸術による教育』（Education through Art, 1943）は日本でも広がり，当時の知覚心理学やゲシュタルト心理学などから最新の知見を援用しつつ，「芸術が知覚はもとより，私たちの思考，世界観の形成，行為の決定にまで深く関わっていること」を示し，それゆえ「芸術が人間形成にとって重要な位置を示すこと」を明らかにした。

さらに，リードの思想を継承したローウェンフェルド（Viktor Lowenfeld, 1903-1961）は，児童画研究の中で，児童画の発達段階と人間の成長，美術の有効性について分析した。代表的な著書『美術による人間形成（Creative and Mental Growth）』（1947）はアメリカで出版され，今日も造形教育にとっての重要な意義を示している。

ここでは，「造形活動が人間の知覚，感情，思考の発達を促し，それによって，知性と感性のバランスが取れた人間を育成できる」と主張し，幼児期から発達する描くという活動

は，描く対象と情緒的関係を築くことから始まると位置づけた。さらには，「知性と感性のバランスをもつ人間は，社会適応と協調性があるが，描くという行為自体が対象への深い理解と共感なしには成立しない」と述べた。

ローウェンフェルドは，発達段階に応じた表現様式の成長・変化という観点から児童画分析を行い，児童画の発達段階を，なぐりがき期（1〜4歳）・前図式期（4〜7歳）・図式期（7〜9歳）・ギャングエイジ（9〜12歳）・疑似写実期（12〜14歳）・決定期（14〜17歳）の6段階に分け，それぞれの段階の特色を知的・情緒的・社会的・知覚的・身体的・美的・創造的成長という側面から詳しく分析している。今日，一般的に用いられている区分（なぐりがき期・象徴期・前図式期・図式期）（注⑤）は，ローウェンフェルドの影響が大きいと考えられる。

年齢別に見た幼児の描画の表現について次に見ていくことにしたい。

### ❶ 0歳児，1歳児

生後間もない新生児から，半年を経過する頃は，ハイハイをしながら目の前にあった物をさわり，口に入れて，なめたり，しゃぶったりして感触を確かめたりする。この時，注意しなければならないことは口に入れて飲み込んでしまう恐れのある物や人体への悪影響が懸念される素材を乳幼児の手が届くところには置かないということである。

例えば，0歳10か月頃の乳幼児にペンをもたせた場合，ペンをもってなめようとしたり，紙を目の前に置いてもたたきつけるようにして，興味を無くすとペンを投げ出したりする。すなわち，描くということにはあまり至らず，描く中に多くの意味を置きにくい発達段階である。

ローウェンフェルドの区分においては，「未分化（でたらめ），円形なぐり描き，経路または制御されたなぐり描き」という詳細な分類がなされているが，偶然によるペンの痕跡の面白さや単にペンで紙にたたきつけたり，紙にかすったりすることを面白がる特徴のある発達段階でもある。

1歳になる頃には，つかまり立ちから自力で歩けるようになるが，短い距離でもバランスを崩して転倒しやすい。この頃は，まだ，紙にペンをたたきつけるなど，画面に何かを描くという興味は少なく，空白の多いなぐり描きが見られる。しかし，1歳児になると少しずつ線の数が多くなって，画面の中の空白が少なくなってくる。それらは，大小の円形の繰り返しや線の往復，円形と線の組合さったなぐり描きとなる。この頃は，一色のペンだけでなく，他の色彩のペンなども使いながら，夢中になる行為も見られる。

次に具体的な製作時のエピソードを重ねながら，幼児の描画の発達段階をおさえていきたい。

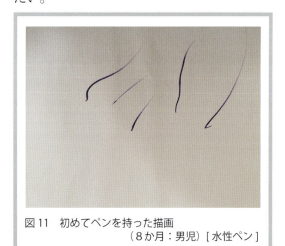

図11　初めてペンを持った描画
（8か月：男児）[水性ペン]

> 製作エピソード

生後8か月の幼児にはじめて，ペンをもたせ，紙を目の前に置いた。ところが，すぐにペンの先を舐めようとしたため，一度手か

らペンを取ったが,「ウーウー」といいながら嫌がった。その後,ペンを紙につけさせて手を離すとひっかくように,5回程度ペンを紙にこすりつけ,床にほうりなげた。

図14　紙へのなぐり描きの場面
（1歳2か月：男児）

図12　繰り返しの線を楽しむ描画
（1歳1か月：男児）

図15　幼児によるなぐり描きの作品
（1歳2か月：男児）

> 製作エピソード

　幼児にスケッチブックを開き,ペンを持たせると,すぐにペンを左右に動かしながら,なぐり描きを始めた。

　この後は,ペンを持たせても数枚描くことはなく,描くことに興味を示さなかった。長い描画時間や描画の量などは,この時期はあまり必要ではなく,気分等も影響するが,そのことは自然なことであり,指導者側は,やりたい時にできるように配慮するという姿勢で見守ることを大切にした。また,幼児は感動したことや何かの発見を「指差し」をして伝えようとしていた。

　指を指したものなどについて着目し,その幼児の視点や興味を大切にしながら造形活動

図13　A児のなぐり描きによる作品
（1歳1か月：男児）

> 製作エピソード

　A児には,描画の前に何度か線を描く行為をデモンストレーションした後,ダンボールを壁に立てかけて描画させた。すると,横のペンの往復を面白がって繰り返した。

を進めたい。

　以上のエピソードのように，言葉の未発達なこの時期の幼児には，小さな発見やできごとを包み込む気持ちを指導する側が大切にすることから，幼児が安心して，その場の環境の中にとけ込めるような姿勢をもって接していきたい。

### ❷　2歳児

　2歳児になると，情緒的な発達として，喜びや悲しみ，恥ずかしさなどの感情が表れ，自立しようとする気持ちや行動が見られる。また，言葉や行動面においても模倣が盛んになり，造形活動では，最初の基礎的な段階となる。

　1歳児に見られたなぐり描きから丸（○）の形が描き出されてくるようになり，それらの丸はやがて集合していき，人の顔に見えるような絵画になっていく。また，線をなぐり描きで描くこともあるが，この場合，散漫な線ではなく，まとまった線の集まりとなる傾向がある。

図17　幼児によるなぐり描き
（2歳6か月：女児）[水性ペン]

**製作エピソード**

　B児は，お人形をおんぶしたり，話しかけたりするごっこ遊びが大好きである。数か月前から円形を描きながら形をまとめていこうとする行為が見られた。描画しながら，好きな人形の名前や「卵焼き」と自分の絵画について説明をしてくれた。

　図16の画面にある左側のぐちゃぐちゃのなぐり描きも右の丸い描画も「これ，お目目，顔」といって，話をしてくれた。

図16　幼児による描画の場面
（2歳6か月：女児）

図18　幼児によるなぐり描き
（2歳10か月：女児）[水性ペン]

第 1 章　幼児の造形表現の意義　　25

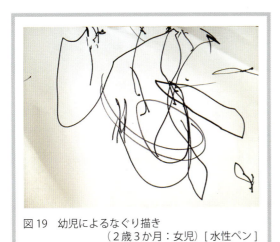

図19　幼児によるなぐり描き
　　　　　　（2歳3か月：女児）［水性ペン］

図21　墨絵を描く
　　　　　　（2歳8か月：女児）［墨汁］

🖍 製作エピソード

　ぐちゃぐちゃのなぐり描きの中にいくつも円形が見られた。「これ何かな」と聞くと、「ペンギン」と教えてくれた。

図20　春の公園の散歩から心に残った形
　　　　　　（2歳9か月：女児）［クレヨン］

図22　墨絵の作品
　　　　　　（2歳8か月：女児）［墨汁］

🖍 製作エピソード

　製作時はクレヨンを使った描画を楽しんで描いていた。春になり、近くの公園の池で泳いでいた鯉に感動し、鯉に話しかけていた。この絵画は、「お魚さんが泳いでいる」と教えてくれながら、いろいろな色彩で表現していた。また、水の流れのような線も見られ、興味深く感じられた。

🖍 製作エピソード

　紙に墨汁で描いている様子である。この絵画には、点描が多く使われている。「ランドセルでお歩きしているの」と絵画の内容を教えてくれた。この頃、姉が小学校に登校する姿を見送りしていたことから、その場面が心に残ったことが想像された。図22は、完成した作品である。
　この作品には、人が歩いている足跡やその動きなどが表現されている。あたかも、自分も一緒に登校するかのようなイメージがあり、この年齢に多い疑似体験としての模倣の心境が現れている。

### ❸ 3歳児

この年齢になると，指の機能の発達とともに，靴を履く，服を着るなどの生活の自立とともに，自我が発達し，日常生活の中において自分でやってみようとする姿が目立ってくる。しかし，自己中心的で集団的なルールは理解されにくく，反抗的な態度や拒否的な行動をとることが多い。

また，3歳児は，絵画を描きながらおしゃべりをすることが多くなる。指導する側から見て「描くことを楽しんでいる」ことを，客観的に感じることができる。造形活動における発達段階の中では，本人の気分や好みの色彩が選ばれ，並べて描いたり，イメージを膨らましながら，思いついたことを描いてみるなどの活動ができる発達段階であることから，最も重要な時期でもある。

なぜならば，この時期は，なぐり描きや模倣で満足していた幼児が，動作と想像的経験を結びつけるからである。すなわち，動作を介した「運動感覚的思考」から絵画を介しての「想像的思考」へと変化したことを示す時期なのである。この時期には，指導する側も幼児の表現の中に溶け込み，一緒になって，幼児のイメージを豊かにすることを大切にしていきたい。

この時期の絵画の特徴としては，ほとんどが「なぐり描きの注釈」の時代の絵画と，表現としては，まだ不確実な面はあるものの，具体的に何が描かれているのか判断できる「様式化前」の段階で，人物は顔の中に小さな○で目や鼻を表し，顔からいきなり手や足の出る「頭足人」型が多い時期である。

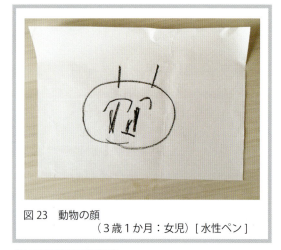

図23　動物の顔
（3歳1か月：女児）[水性ペン]

▶ 製作エピソード

丸を描いた後，目，口，鼻を描き，最後に髪の毛を表現したと思われる線を2つ付け足した。3歳になるまで，丸をぐちゃぐちゃにした絵画を描いていることが多かったが，この絵画を描く時は，顔の位置などについて，おしゃべりしながら，筆をスムーズに動かして，割と早く仕上げた。「これなあに？」と聞くと「あざらし」と答えた。

図24　休日の思い出
（3歳6か月：女児）[水性ペン]

▶ 製作エピソード

休日に妹と公園のすべり台で遊んでいる場面を描いており，蝶が飛んでいたり，犬の散歩をしている人がいて，楽しかったという思い出を語ってくれた。

第1章　幼児の造形表現の意義　27

図25　夏休みの思い出
　　　　（3歳8か月：女児）[水性ペン]

**製作エピソード**

　この絵画は，夏休みの旅行で，お母さんと自然豊かなテーマパークに行った思い出を回想しながら描いていた作品である。暑い夏の雰囲気や背景に描いた山や林の中を歩いたことを語ってくれた。

図26　春の光の中で遊ぶ
　　　　（3歳10か月：女児）[クレヨン]

**製作エピソード**

　シーソーのある遊び場で，春のあたたかい日に遊んだことを思い出しながら描いていた。地面は緑，太陽は赤で表現されるなど，色彩的な認識が高くなってきたことを感じさせる作品である。

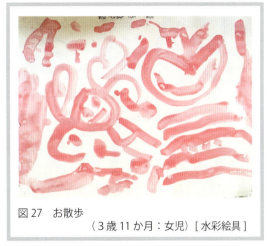

図27　お散歩
　　　　（3歳11か月：女児）[水彩絵具]

**製作エピソード**

　女の子がお散歩している様子を描き，お花や畑など，その周りの様子を教えてくれた。この時期の発達段階では，地面と人との関係がなんとなくバランスよく配置されてくる傾向になってくる。

### ❹　4歳児

　ごっこ遊びが非常に盛んな時期である。また，競争心や友達と一緒に活動をすることが可能になってくる時期である。「上手」「下手」という言葉掛けが認識できるようになるため，造形活動における言葉掛けには特に注意が必要となる。この時期は，男性と女性の区別なども絵画の中で発生し，人間的な成長が高まり，幼児の世界観が広がって，外界へ向かってのエネルギーや生活感が溢れてくる。

　そのため，外の環境に目を向けて描いた作品が多くなってくる。人物の表現は，頭・胴体・足などの関係性やバランスが取られ，輪郭の中を塗りつぶす，すなわち「面」の表現方法が見られる時期である。

　4歳児は，「なぐり描きへの注釈」「様式化前」の段階から，物と色彩の関わりが明確に捉えられるようになり，物と物の相互関係が生まれる「様式化」の絵画表現が交じってい

る傾向が多く見られる。

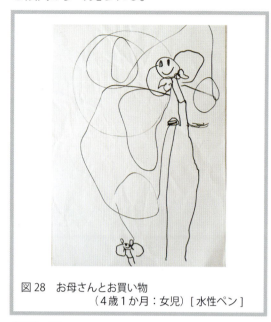

図28　お母さんとお買い物
　　　（4歳1か月：女児）[水性ペン]

> 製作エピソード

　お母さんと買い物をしている場面であることをお話ししてくれた。お母さんの足は長く線が引かれ，自分自身は小さく配置されている。しかし，頭足人の段階から身体の意識に目を向けて，絵画の関係性を作っていこうとしている表現が，とても興味深い所である。
　また，左側の線が丸く重なっている部分は「車に乗っているの」と話しており，車を描こうとしていることから，よく見るとそのシルエットが伝わってくる。

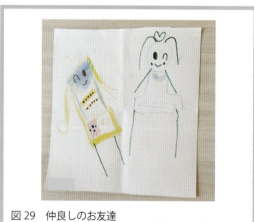

図29　仲良しのお友達
　　　（4歳5か月：女児）[水性ペン]

> 製作エピソード

　仲良しのお友達と手をつないでいる場面を描いていた。自分もお友達もおしゃれなドレスを着て歩いているというイメージを語ってくれた。

図30　うさぎと私
　　　（4歳8か月：女児）[水性ペン]

> 製作エピソード

　自分と幼稚園で飼っている大好きなうさぎを一緒に描いていた。自分がいつもエサをあげたり，お世話をしていることから，多くの愛情があり，大きな存在として描かれているようである。

図31　墨とちぎり絵による昔話の登場人物
　　　（4歳7か月：男児）[墨汁，色紙]

### 製作エピソード

この絵画は，昔話を最初に読み聞かせ，その情感を出すために墨汁を用いて描画した作品である。また，墨汁のもつ黒色を活かすために，色彩は色紙を貼付けて製作した。昔話に登場する大男を描いてみようという指導者の問いかけに，「強い，雷みたいな髪の毛」と語りながら描いていた。

#### ❺ 5歳児

5歳児になると大人と同じような情緒が出来上がってくる。この時期は友人関係の範囲も広くなり，社会生活における自我が確立していく。また，積み木や折り紙による組み合わせを用いた構成遊びなども盛んで，それらの行為を持続して行うことができるようになってくる。

この年齢になると，物と色彩との関係がしっかりと意識され，自分の主張が誇張されて，絵画の中に表現される。また，絵画のテーマや色彩において，男児と女児の性差がはっきりとしてくる。特に女児は「ぬり絵」の傾向が強くなる。しかし，目の前にあるものをそのまま描くというよりも自分の心の中にある概念としての形式的な絵画も多い。その概念を強い情動で描いていった絵画は感動が詰まった作品になることが期待される。

この時期の絵画の特徴は，空間や図式を持ち，そこには，幼児特有の空間意識があり，魅力的な絵画の構成になっている。この発達段階の時期は，様々な研究者が，絵画表現における分類を試みている年齢でもある。

図32 墨と色紙を用いた「うらしま太郎」
（5歳2か月：男児）［墨汁，色紙］

### 製作エピソード

「うらしま太郎」のお話を最初に読み聞かせ，その後，墨汁と色紙で絵画製作を行った。勇ましくも賢い登場人物の表現を工夫している雰囲気が見る側に伝わってくる。力強く線を描いている姿が印象的であった。

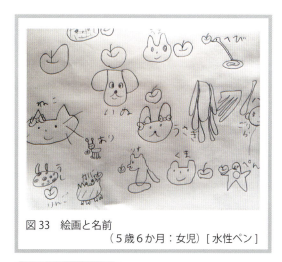

図33 絵画と名前
（5歳6か月：女児）［水性ペン］

### 製作エピソード

「かるた」や「しりとり」が好きで，ひらがなの練習をしている時期でもあり，絵画の近くにひらがなを書いている。言葉と絵画による視覚的な思考がめざましく発達していく時期である。

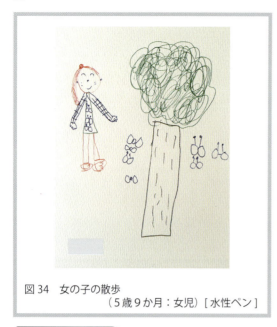

図34 女の子の散歩
（5歳9か月：女児）[水性ペン]

図35 鯉のスケッチ
（5歳11か月：女児）[墨汁]

製作エピソード

家で飼育している鯉を見ながら，スケッチした作品。水草や石，鯉の表情などを観察して描いていた。身近な生き物へのまなざしが感じられる。

製作エピソード

「女の子がお散歩をしているところ」という情景を語りながら，描いていた。6歳に近くなってくると，地面や背景などの環境と人間の位置がつかめるようになってきていることが作品の中に見られる。

図36 大型の絵を描く （5歳11か月：女児）[油性ペン（マジック）]

製作エピソード

3枚の図は，いずれも大型ダンボールにペンで描画をしている場面である。大きさは，縦180cm×横230cmで，ダンボールを3枚程度つなぎあわせて用意したものである。描いている幼児は，すぐに描き出した。描いている間は「最初に配置した登場人物が宇宙に迷いこんでしまい，そのことを解決するた

めにいろいろな仲間達が出てくる物語」だということを教えてくれた。

完成した作品は，夢の中の世界のような大作に仕上がり，30分程度の時間で描いた。このように，5歳児になると，かなりスケールの大きな課題にもチャレンジできることがわかる。

## 4 幼児の発達と造形活動の展開（「作る」ことと発達段階）

描くと同じように「作る」ということも幼児にとっては，様々な表現に発展する魅力的な活動である。「作る」ということには，あるプロセスに従って作る「工作」（折り紙やプラモデルなど）とプロセスの決まっていないテーマに沿って作る「造形」（絵具遊びなど）があることは前述したが，いずれもそれぞれの魅力がある。そこで，ここでは，特に「造形」という視点に着目しながら，年齢別の発達段階から「作る」という表現にふれていくことにしたい。

### ❶ 幼児の作る行為の特徴

0歳の乳幼児に紙を渡した場合，ちぎったり，まるめてくしゃくしゃにしたりしながら，紙と関わり，素材感をつかんでいく。この行為は，年齢が上がった場合でも，紙を破くプロセスから大きさや長さを考えたり，切った紙が長ければ，道路や線路に見立てたり，小さい紙でも動物や船に見立てたりしながら，年齢が上がれば，おままごとに発展していくことも予測できる。

平面的な見立てであれば，貼り絵，絵本，紙芝居作りにもなり，立体的な見立てであれば，紙の製作にも発展していく。このように紙の一つの展開を見ても，幼児の作る行為には，見立てる行為が造形活動と関連深いことがわかる。

さらに，紙でもダンボールに変化させた場合，触れて遊ぶ，たたいて遊ぶ，乗って遊ぶ，もぐって遊ぶ，すべって遊ぶなど，ダンボールを大がかりに加工しない状態でも，驚くほどに次々と幼児同士の遊びが発生していく。また，その遊びを一緒に行った幼児同士の楽しい気持ちを共有する気持ちが芽生えてくる。幼児は，同じダンボールでも遊びの経過や，持ち込んだ状態あるいは変化によって全く違う物に見立て，違う遊びを展開しながら造形作品を製作することが可能である。

作る造形活動においては，このような遊びの展開や絵本のお話の世界に沿って，幼児の中からイメージが生まれ，そのイメージに基づいた製作が展開される。さらには，製作する中で「ここをもっと大きくしよう」「ここに○○を作ろう」などの新しい製作へのきっかけが生まれてくる。

これらの特徴は，年齢と発達段階における素材の選択を重視しながらも，協同製作をする場合は他者との関わりの中で体験されていく。幼児が素材を通して，探求しながら実感することのできた感触や見立てによって広がっていくイメージのユニークさは，指導者側にも共有できるものであると考えられる（注⑨）。

### ❶ 0歳児，1歳児

例えば，0歳児，1歳児に画用紙を一枚与えたとする。そうすると，口に入れたり，あるいは，やぶって投げ捨てたりして，長い時間，紙と関わることは困難である。描く場合にも同じような行為が見られるが，描く場合には，ペンの筆跡があり，視覚的な線の分析などを検討することができる。一方で，「作る」ということの場合は，はっきりと判断しにく

い面がある。しかし，手を使って，素材に働きかけることは，そのまま「作る」の活動の最初の行為として捉えることができる。

生まれてから最初に発達するのは聴覚で，次に視覚であるといわれている。生後5か月頃には，首がすわり，一人で座る姿勢がとれるようになり，大幅に見える範囲が広がるとともに両手が自由になり，ものを手にして確認をしつつ，盛んに遊びをするようになる。

さらに，自分の意志によって手で触り，引っ張る，にぎる，投げるなどの行為から自分の周辺の世界へ関心を持ちつつ，探求をしていく。このことは手と指の機能を確かめることでもあり，目に見えないところで，考える力を養うことにつながっている。そこで，多様な形と安全性を考えながら積極的に造形素材の感触について触ったり，握ったりできる機会をもっていきたい。

8か月から10か月頃には，形と形，ものとものの関係を知り始め，手指の機能分化が見られるようになる。さらに，親指と人差し指でつまむ，指が一つひとつ独立して動く，指先を使ってものをつまんで器の中に入れたり出したりできる，ひもをつまんでひっぱったりする，といった遊びができるようになる。

また，10か月頃には，動作のまねができることから，親や身近な人の動作の模倣や語りかけを聞いて，ものの手渡しなども可能となる。しかし，興味をもったものについては，その幼児の手で握った状況において，大きすぎない軽量の素材や安全性の高いものを選び，語りかけによるコミュニケーションを取りながら，幼児の自発的な行為を主として，無理のない造形活動を大切にしていきたい。

1歳半頃には，造形素材の形の変化に対して感情が注ぎ込まれるようになり，自分から積極的に紙などの素材に変化を加えるようになる。すなわち，この頃から周りの大人が「作る」という行為をはっきりと確認できるようになる。

例えば，バケツに水を入れているとすると，その水をさわって変化をつけようとして，かき回して満足したり，お菓子の空き箱などを積み重ねたりすること，さらに，それを崩してみるなどの関係性を見つけ出そうとする時期である。このことによって，形の機能性を学びはじめ，単調な遊びから広がる多様な造形活動の目覚めが始まっていく。

1歳児は全体的に，「ものいじり」に最も強く関心を示す時期である。「ものいじり」は，単なる遊びで終わることなく，自分の支配できるものに向けた気持ちを発散させながら情緒を安定させ，同時に，感覚や知覚機能の発達を高める重要な時期である。

図37 紙の感触を味わう

（1歳1か月：男児）

▶製作エピソード◀

紙を与えたところ，その感触を確かめるように顔を紙に擦り付けている。

図38　紙粘土で遊ぶ　　　　　（1歳10か月：女児）

🔸製作エピソード

　紙粘土で遊んでいる場面。身近な庭先にあった石や木の枝で紙粘土の固まりに穴を開けるスタンプ遊びなどを楽しんでいた。最終的には，水彩絵具で色をつけようとしたが，できた穴に絵具を溶いた水を入れて楽しむことを繰り返していた。この時期は，形や作品を作ることよりも素材自体の変化や持ち味を楽しんでいる様子が見られる場合が多い。

❷　2歳児

　2歳児は，成長が著しく，「作る」に関わる活動の変化も大きい「何でもまねる」の時期である。まねることで成長するために，よい環境づくりと幼児へお手本を見せる場面において見守る役割が重要となる。

　ここでは，2歳児前期と後期にわけて，発達段階と造形活動の関連性を見ていきたい。2歳児前期になると歩行も安定し，ものを抱えて歩いたり，道ばたに落ちている木の枝などに関心を示し，外遊びも活発になる。この時期は，鍵を開けて，ドアを自分で開け閉めしたりすることができるようになっていくことから，安全面でも注意が必要である。

　2歳児前期は，形の変化に気持ちが注がれ，変形できる紙などの素材には，親指の先に力を込めて扱うようになる。すなわち，押す，引く，ちぎる，ねじるなどの行為ができるようになっていく。例えば，紙粘土を与えると小さくちぎったり，転がしたり，手で押したりして楽しむことができる。

　この時，「○○ちゃん，ここは面白いね」など共感したり，良いと感じたところを伝えたりする声かけを大切にしたい。この時期には，大小の区別，変化をしやすい紙や粘土，凹凸のあるものなどの素材を通して，活動を進めていきたい。

　全身や両手を使った新聞紙をちぎる遊びなどは，ハサミを使う以前の活動として，取り入れてみたい遊びである。ちぎることを楽しみながらも，その素材から偶然できた形やちぎる行為自体を通して，造形のダイナミックな活動や五感を使った体験につなげることができる。

　また，紙を破ったり，ちぎったりすることを通して，手をハサミの代わりに両手の指先に入れる力加減を身体で理解することになる。細かくちぎられた紙を両手で投げたり，集めて山にしたりしながら，見立て遊びや固まりにする表現にも発展させていきたい。

図39　紙で遊ぶ　　　　　　　（2歳1か月：女児）

**📝 製作エピソード**

紙を数枚与えたところ，紙を丸めたりしながら，素材の面白さを体験していた。この後，ちぎったりする行為も見られた。ハサミは使えないが，手による形の変化を試し見ている。

2歳後半から3歳にかけては，ハサミに興味をもつ。幼児の造形で最初に出会う道具がハサミである。ハサミは，先の丸い幼児用のハサミを用意したい。手と指の機能が進み，使いたい気持ちが感じられるようになった2歳後半には少しずつ，ハサミを使う練習を取り入れていきたい。この時期には，チラシなど，これまで手でやぶっていた紙素材をハサミで切れるようになる。その際，「利き手」の問題があり，左手を矯正する場合は，この時期は容易であるが，3，4歳児になると，直すことは難しいといわれる。

2歳の終わり頃になると，腕の力が強くなり，手首の返しが自在になってくる。また，粘土などは，1歳児の時に比べて，関わり方が多様になり，棒などでつついてスタンプ的な活動に留まっていた段階から，表面をなでる，たたく，押す，つまむなどの活動を通して，何かの形を見つけ出したり，具体的に何かに見立てたりすることへ造形活動が発展していく重要な発達段階でもある。しかしながら，見立てを重視することなく，素材自体を楽しむことを大切にし，造形の面白さを感じていけるように配慮したい。

また，長い時間の持続性も弱い時期であり，興味を散らすため，今この活動をしていても，他のことにも興味をもつことがあるが，造形経験を深めることを重視しながら，その幼児に接していきたい。

さらに，例えば，丸にした粘土を並べることに夢中になる幼児がいる一方で，何かの形あるものを作り出そうと，手を開いたり閉じたりしながら粘土の変化に関心をもつ幼児がいる。このように，造形の興味や視点が様々なタイプに分かれていく時期でもある。

図40　ハサミの一回切り

（2歳6か月：女児）

**📝 製作エピソード**

一回切りをしている様子。ハサミを連続しながら動かして，紙を切ることはできないが，一回切ってから，持つ所を開き直して，再び切ることができる。

### ❸ 3歳児

3歳児は，一つの転換期であり，2歳児における造形の芽がいっきに開花し，いろいろな活動が急速にできるようになる。3歳児は身体の発達が整い，運動機能の発達における幼児のぎこちなさが消え，手や指が器用になって活動が活発になってくる。個々の発達に差はあるものの，それぞれがもつ個性が目立ち始める。

この時期の幼児には，個々の発達に沿った特性を見極めて，固定的な指導を避ける必要がある。さらに，好奇心が強くなるとともに独立心も芽生えることから，自分で何でもし

たいという意識があり，自分自身の可能性を試していこうとする傾向がある。

以下の図41の作品は，3歳児が製作した作品であるが，2歳児に比べて，時間をかけながら製作でき，感動した思いが具体的に伝わるような造形的な思考や技術も発達していくことがわかる。

図41　紙の人形製作

（3歳7か月：女児）

🖍製作エピソード

梅雨時でもあり，数枚のコピー用紙を見た後，てるてるぼうずと女の子を連想して，紙とガムテープで製作した。

また，粘土素材の場合，両手でこねることや変形させながら，「○○の形」をイメージしつつ，切り離して製作することができる。このことは，もののシンボルや単純な形の見立てをして，その形に名前をつけるなどの行為をすることから，具体的な造形活動が展開していく。例えば，丸い粘土に細いひもを作ってくっつけて「ウサギさん」といって見せるなどの行為がこれにあたる。

紙による造形活動の場合，ハサミにより慣れ親しんで製作していくことができ，その他にも道具を使った活動に興味を示すようになる。ここでは，「あぶないから駄目」という道具かどうかを判断しながら，3歳児の扱える道具を使った活動であれば，安全に充分配慮して造形活動を楽しんでみたい。具体的には，スティックのりやでんぷんのりなどの接着機能のあるものも併用しながら，表現の広がりを見つめていきたい。

さらに，幾何学的な○，△，□の形を見分ける力は，3歳児の頃には著しく高まる。色紙を用意し，ハサミで様々な形に切り取って，紙に貼付けて，楽しんだりすることができる。

図42　素材をミックスした製作

（3歳5か月：女児）

🖍製作エピソード

あらかじめ，丸などに切り取られていたスポンジ状のカラー素材をのりで貼付けながら，カラフルな作品にしていき，ガラスをイメージして，透明ビニール袋で包んでいた。

紙を用いた3歳児の活動において，例えば，ダンボールの場合，箱状のものは，どうしても入りたいと思い，遊んでしまうが，素材の加工は難しい。しかし，どのように関わろうともその素材に身体の感触をもつことは，年齢が高まるにつれて，素材のインスピレーションを高める可能性がある。

さらに，自然環境の中での外遊びにおいて

は，木の枝や砂場の中から，重ねたりして，何かの見立てや造形物を作ろうとする能力が発達していく時期である。

図43　ボックスアート
（3歳10か月：女児）

>  製作エピソード

お菓子の空き箱とキャラクターのシール，海で拾った貝殻を自分で用意し，ボックス内にイメージした形を描画し，その後，のりを塗り，ボックスアートを完成させた。夏の海の思い出と潮風が心をかすめる印象である。

### ④　4歳児

4歳児は，自立心と挑戦する力が発揮され，常に何かに興味をもち，様々なことを知りたがる時期である。造形活動には盛んに取り組む様子が見られ，精神生活の重要な部分を占めるようになる。作る活動においては，思い描いたイメージについて，意図的に目的意識をもって望むことができる。紙を用いて何かを作ろうとする場合でも作ろうとするイメージに沿って，紙を切ったり，のりやセロハンテープを使って切ったものをつなげたり，貼りつけたりして，積極的に作ろうとする姿が見られる。

図44　紙で製作した携帯電話
（4歳6か月：女児）

>  製作エピソード

携帯電話のおもちゃの遊びなどにも興味をもっていたことから，紙を切り取ってつなげ，紙の携帯電話を製作していた。アンテナの部分も工夫し，かわいらしいデザインをペンで描いた。

4歳児は，友人関係を通して育っていく。一人だけで何かを作ることについては，集中しながら進めることができるが，気の合った友達同士で集まって，おしゃべりして活動する姿が見られる。友達との場の共有によって，会話を交えて，活動をすることから，お互いの想像力を刺激し合い，作る活動に，ある種のリズムを与え，作ることに活気を生み出していく。さらに，自分の作った作品を他者に見せたり，他者の作品を見たりしながら，お互いの長所を取り入れたりすることもある。

しかし，一方で友人との協力関係が軽薄な面もある。すなわち，4歳児の幼児の集団で協同的に製作を完成させることはできない。それだけ，個々の幼児の自己中心的な意識が強いため，いろいろな作る活動において，自

分と他の幼児を比較して張り合い，負けないようにする傾向がある。

それらは，素材の取り合いなどにもなり，他の幼児に譲るという行為はできにくい。そのため，楽しい活動場面から一転して急に怒ったり泣いたりする場面に変化しやすい。

道具に関しては，ハサミの使い方が上手になり，簡単な形を切り抜くことができ，切り取った形からイメージして，作品を作ることによって，形と形を組み合わせることができることから，比較的バランスのよい作品製作を展開することが可能である。

この時期には，様々なイマジネーションとしての空想力や思考力を高めるためにも，変化のある形の造形材料を選んで与えるなどの造形活動における環境設定が重要である。

また，4歳児は，作る活動に個人差があり，単純な造形活動にとどまる幼児から，かなり高度で手の込んだイメージを豊かに作品に取り入れ，実現する幼児まで差が大きくなる時期でもある。そのため，完成した作品に対しては，その幼児個人個人への対応や評価の声掛けを幅広い観点から配慮する必要がある。

現代の幼児は，紙や布，自然素材などの造形体験が家庭教育の中でも少ない傾向にある。そのため，幼児には，身近な素材との出会いを大切にして，作る活動における素材を用意したい。その際，素材そのものの安全性や道具の使用方法には十分注意していきたい。

図45は，4歳児の折り紙の作品であるが，日本で伝統的な造形材料として，今日まで用いられている折り紙は，手や指の発達にも関わるため，そのことも，重視しながら，作る活動に取り入れていきたい材料である。

図45　七夕をテーマにした折り紙の製作
（4歳10か月：女児）

● 製作エピソード

七夕の時期に折り紙を使って，七夕飾りを製作した。4歳児になると，紙をまるめて細い棒状にしたりするだけでなく，自分でデザインしたかわいらしい飾りなどを作ることができる。

### ❺　5歳児

5歳児の特徴には，友人関係の中で成長する社会の芽生えがある傾向が見られる。つまり，3，4歳児の自己中心的かつ個別的であった活動から大きな変化があることを意味し，大作や共同製作において，他者と協力して作品を作ることができる。

譲る，我慢するということを知ることによって，仲間意識が芽生えるとともに，協力して一つの作品完成を複数の幼児で目指していくことが可能な年齢である。体力も急速に強くなり，手指の機能の発達が安定した状態になる。5歳児では，指示をして何かを作っていくことよりも個人の内面から湧き出てくる個性を表現できるよう，伸び伸びとした造形活動の面白さの体験を重視していきたい。

5歳児の作る活動は、大きく分けて、二つの重要性をもっている。まず、一つは、友達との協同製作を通して、社会性や協調性を養い、調和のとれた幼児の人格形成につなげること、すなわち、指導者との関わりの中で作る活動から、協力して学び合う楽しさと経験を養って育てることである。さらに、もう一つは、自分自身を表現することを大切にして、個性を基盤にした独創性を発揮できるような造形活動の場を保障することから限りない自分自身の可能性に気づくことである（注⑥）。

5歳児の造形活動は、この二つの要素をどのように結びつけていくかがポイントになっていく。指導する側としては、型にはまった単調で、個々の個性の出にくい造形活動の展開になっていないかを注意し、5歳児のもつ能力を最大限に引き出し、人間的な成長のための表現体験について、作る造形活動を通して育んでいけるように配慮していきたい。具体的には、着彩する素材、立体のための粘土の他にも自然物やリサイクル素材にも目を向けて、幼児の造形活動に取り入れて、作品の幅を広げていくことを重視したい。

図46　紙粘土と自然素材を用いて
（5歳9か月：女児）

▶製作エピソード◀

紙粘土を様々に変化させながら、自分のイメージした形を作り出していた。また、身近な自然素材も用いながら、素材の特徴を活かした造形活動に発展する様子が見られた。さらには、絵具を取り入れ、色彩感覚も発達していることが感じられる。

図47　紙素材のひな人形
（5歳11か月：女児）

▶製作エピソード◀

トイレットペーパーの芯を用いたひな人形の作品。紙のデザインや素材を活かした造形活動の遊びを工夫していた。幼児の発達段階の中でも、技術的に幅広い活動ができることが感じられる。

## 5　造形表現の歴史

### ❶　明治，大正，終戦

日本の保育制度は、1872（明治5）年の「学制」に規定されたことにはじまり、明治9年の「東京女子師範学校付属幼稚園」が最初の幼稚園である。ここではフレーベルの「恩物」を使った保育内容が大きな柱であり、その中で、紙を決まった形に切って台紙に貼っ

たり，紙に引かれた枠線をなぞって描く活動，折り紙，粘土細工などが主な造形活動であった。当時の保育内容は，いずれも幼児を未完成な位置にとらえ，完成した大人に近づけるための訓練的な方法の体得に重点を置いていた。そのため，保育者の指示通り模倣させる教育方法が用いられていた。

　大正期に入ると，欧米主義や自由教育の思想が日本に入り，幼児に即した保育が唱えられ，ハサミで一枚の折り紙を自由に切る「自由切絵」や写生画を主とする「自由画」が行われるようになったが，柔軟な内容というよりは，輪郭をはみ出さないように色を塗る塗り絵の方が盛んであったようである。

　自由画運動に関しては，画家である山本鼎（やまもとかなえ）（1882－1946）がフランス留学から帰国の途中，ロシアで見た児童画展に触発して起こした運動であるが，その要点である「描画方法を初めから教えるのではなく，必要な技法を子どもが自ら発見するように導く」という目標は，指導にあたり，実践できる美術教員がおらず，単に自由に描かせればよいという誤解を招き，放任主義へと陥ることになった。

　さらに，イタリアの医師であり，幼児教育者でもあるモンテッソーリ（1870－1952）の思想は，児童心理学者である倉橋惣三（1882－1955）によって紹介され，幼稚園の指導法に取り入れられた。モンテッソーリは「子どもの身体的，精神的成長は生命に内在する神秘的な力を傷つけたり，押しつぶしたりしなければ，自然に達成される」という考えを重視した。さらに，視覚・聴覚・嗅覚・味覚の五感を洗練させる感覚教育に着目し，感覚器官に対応した感覚教具によって行われた（注⑦）。

## ❷ 戦後から現代

　戦後になると教育基本法・学校教育法が施行され，幼稚園が学校教育機関に位置づけられた。また，児童福祉法の制定によって，経済的困窮の救済処置として明治末期に始まった託児所も保育所として発足した。1948（昭和23）年には日本で最初の保育の手引き書となる「保育要領」が文部省より刊行された。

　造形分野においては，「絵画」「製作」とそれぞれ定められたが，決められた色を塗ったりすることが求められ，大きな変化はなかった。その後，1989（平成元）年に第2次改訂がなされ，領域の中の「絵画製作」と「音楽リズム」をまとめ，「表現」とした。ここでは，身体表現や心情表現も新たに盛り込まれている。

　また，厚生省は，1950（昭和25）年に「保育所運営要領」を刊行し，保育所の意義，役割を明確化した。1963（昭和38）年には，文部省と厚生省の連名で「幼稚園の関係について」という通知が出され，「保育所のもつ機能のうち，教育に関するものは，幼稚園教育要領に準じることが望ましいこと」と記された。

　しかし，3歳未満の幼児がいること，保育時間が長い，養護の部分があることから一律にできない面もあった。その後，保育所保育指針も1990（平成2）年に見直されることになり，幼児に即した保育で環境を通して行う保育という考え方が打ち出され，造形においては，幼稚園教育要領と同様に「表現」になった。

　このような流れの中で，次第に遊びが幼児の生活そのものであるという考え方が主流になるにつれ，遊びと造形が関連し合う造形遊びが盛ん（注⑧）になってきており，昨今は

幅広い造形表現の作品が展開され，保育現場でも受け入れられている。

## 6　現代社会における幼児の造形表現

　グローバル化した現代において，世界の国々に目を向けてみると歴史的な蓄積を基にした芸術が存在し，そのことを背景としながら，幼児への造形表現教育が行われている。例えば，アメリカでは，乾燥パスタやペンネ，ボタンなどを画用紙にのりで貼付けたり，木のスティックやスポンジ状のカラフルな色彩を用いたコラージュによる絵画表現が進められ，ユニークな幼児の形や色彩への興味を引き出している。

　その中でも，世界の先端を行くのは，イタリアのレッジョ・エミリア市で展開されている幼児の造形教育である。レッジョ・エミリア市には，毎年多くの幼児教育関係者が訪れているが，その魅力は，街ぐるみで幼児の作品製作を支援しているところにある。例えば，工場で出た自動車部品のネジなどを幼児教育施設に提供し，作品に活用する取り組みが行われている。

　また，造形と自然環境を重ねた感性を幼児に養う特色ある表現が見られる。例えば，雨の街の中を幼児が歩き，そこで幼児が身体に受けた雨粒をイメージして，画用紙に描き，そこから雨はどこから降ってくるシステムになっているのかを幼児同士で話し合いながら，作品製作を進めていくという物語性のある造形活動が進められている。

　この実践において，幼児はそれぞれ，「水たまりを歩いて，行ってしまった女の子」，「いろんな強さで傘にあたる雨」，「車の屋根に強く降る雨」などをイメージするが，雨粒の形や音を絵画にしていくときに，それが，様々な線や形となり，幼児の絵画を豊かにしている。

　また，レッジョ・エミリア保育の創設者の一人，ローリス・マラグッツィの詩で「子どもの百の言葉」がある。ここには，「すぐれた人材を育てるには，まず乳幼児から」という理念が込められており，幼児の創造力や，表現力を徹底的に伸ばすことを第一のモットーにしながら，次のような概念があるので，抜粋して紹介してみたい。

> ● 理解する喜び
> 　幼児が一人で，または仲間とあるいは大人と一緒に学び，知り，理解する楽しみは，一番基本的で重要な感覚の一つである。
>
> ● 共同生活
> 　レッジョ・エミリア市では，幼児も大人も一緒に遊び，仕事をし，話をしたり，考えたり，創作したりする喜びを見つけようとする。
>
> ● テーゼと討論
> 　多様な性質の物理的社会的現実と幼児の経験とつながりと方法，質，空間を，異なった対照的な指示により，幾何学的または偶然の混乱の中でばらばらにしたり，順列づけたり，承認したり，拒んだりする（注⑨）。

　これらの他にも14項目に亘る言葉やイメージ，空間に視点をあてた鋭くもあたたかい幼児の造形活動を豊かにする意義が述べられている。

　さて，レッジョ・エミリア市を造形表現の先端都市として紹介したが，現代の日本においては，どのような造形実践が可能だろうか。レッジョ・エミリア市と同じように幼児を真ん中に置くことは変わらないが，町並みや環

境も異なり，市民が幼児の造形活動を受け入れ，盛り上げるような雰囲気を求めることは難しい。町おこしとしてのアートイベントや美術館で開催されるワークショップはあるものの，それらは特別な企画であり，日常的な市民参加としての造形活動は盛んな状況ではない。そのため，日本の地域や歴史，環境から成り立つ造形表現の現状を踏まえながら，造形活動を検討していく必要がある。

▎ 演習 3 ▎

次の❶，❷についてそれぞれ400〜800字程度でまとめてみよう。

❶各年齢の『描く』の発達段階の特徴について，これまでの内容を踏まえながら，年齢別にまとめてみよう。
❷❶と同じように『作る』の発達段階の特徴を年齢別にまとめてみよう。

● 注
①三田地真美「学校を変える教育ファシリテーション」『児童心理』4月号第63巻第5号，金子書房，2009，p.124
②津村俊充・石田裕久『ファシリテータートレーニング』ナカニシヤ出版，2003
③ヴィクター・ローウェンフェルド（1903－1961）に関する文献は，『美術による人間形成』『児童美術と創造性』などがある。
④芸術による教育の会主催による『チャイルドアートディレクターズ講座』（2007）の資料を参考として作成した。
⑤子どもの造形表現研究会『保育者のための基礎と応用 楽しい造形表現』圭文社，2007，pp.15－17
⑥野村知子・中谷孝子編著『幼児の造形－造形活動による子どもの育ち－』保育出版社，2002，pp.23－43，における発達段階を参考に記述した。
⑦あいち造形研究会『子どもの表現力をグングン引き出す造形活動ハンドブック』明治図書出版，2010，pp.116－117
⑧前掲書⑤，pp.9－15
⑨『保育内容 造形表現の探求』相川書房，1997，pp.9－15
⑩レッジョ・チルドレン『子ども達の100の言葉』学習研究社，2001，pp.32－36

● 参考文献
①佐藤学・森眞理・塚田美紀『子どもたちの100の言葉－レッジョ・エミリアの幼児教育－』世織書房，2001
②森眞理『レッジョ・エミリアからのおくりもの〜子どもが真ん中にある乳幼児教育〜』フレーベル館，2013
③ふじえみつる『子どもの絵の謎を解く』明治図書，2013
④J.ヘンドリック編著『レッジョ・エミリア保育実践入門－保育者はいま，何を求められているか－』北大路書房，2000

# 第2章 造形に発展する素材と表現方法の手がかり

## 1 「描く」からつながる造形表現

### ❶ 「描く」造形表現

　幼児の絵画は，線を描く素描から絵具などの着彩まで多様な技法がある。

　水彩画では，ガッシュ，ポスターカラー，アクリル絵具が主であり，紙に用いる場合が多く，水彩の特性を活かした，にじみの技法を用いたり，木材や絹，ダンボールなどにも塗ることができ，支持体の幅は広い。

　水性絵具を使う場合，幼児には水彩筆よりも，綿棒や棒の先に綿やガーゼを丸く巻いて輪ゴムでとめた描画材が扱いやすいため，描画をしやすい道具となる。

　あるいは，描画筆は，身近にある自然素材として，木の枝などを使っても遊び心があり，面白い線を引くことができる。その他に，手や足，もしくは全身を使ったボディペインティングも幼児の描画表現として，気候の良い夏場に多く行われる。

　水性という面では，小麦粉や片栗粉，寒天を使って，水性絵具もしくは食紅を混ぜて絵具を作り，感覚遊びを楽しむことも絵具の素材を経験するという意味では，意義のある活動となる。

　油彩系の絵具は，油性マジックなどのペン，オイルパステル程度は4，5歳程度の幼児でも扱えるが，油絵具の場合，水彩絵具に比べて，取扱いが難しく，専用のオイルやクリーナーを使う必要があり，油画を描く実技は，教育機関では中学生以上の場合が一般的である。

　版画は，紙版画や木の葉っぱを使った版画遊びが手軽であり，水性系の版画絵具か水彩絵具を塗って代用することも可能である。

　水彩絵具を扱う場合においても，扱いになれていない幼児は，衣服を汚しやすいため，エプロンの着用や汚れてもよい服装で実践を行うことが必要となる。また，絵具に抵抗感をもつ幼児も考えられるため，指導する側は，幼児の発達段階や普段の造形への関わりの様子を見ながら，取り扱いの配慮をしていきたい。また，実践を行う場が室内や野外であるかにもよるが，ビニールシートや新聞紙を敷くなどして，床に絵具がつかないよう配慮することが必要となる。

　さらに，個人で行う絵画表現かグループやクラス単位で行う絵画表現かによって，導入や実践方法は変化していく。どちらの場合でも，支持体の大きさや種類に配慮しながら，それぞれの絵画表現を読み取り，個人個人の

表現に寄り添った指導をしていきたい。特に，グループで製作を進める場合，個人の作品に比べ，製作部位が判断しにくいことから，各幼児の製作過程も大切にしながら，絵画表現への関わりを検討することが大切である。

関連して，絵具の面白さや素材の感覚を大切にし，時には，既成の材料だけでなく，手作りの道具や葉っぱ，土など，自然から斬新な絵具を作る試みも可能である。さらに，絵画の表現は，日常生活の中のあらゆる体験が題材となり，描画の方法も材料の基礎知識を学ぶことによって，自在に応用した実践を行うことができる。

幼児が描く活動をする時，その対象は，「人の顔，人が何かの行動をしている場面（例えば，サッカーや水泳など），動物，テーマパーク，野菜や花・木を主とした植物，季節感，遠足等の思い出，食べ物，何かのお話」などの幅広いイメージが描かれる。また，幼児が描くタイミングは，日常生活の中で多く展開される。

このような造形表現の指導を進めていくために，日本の幼児教育では，幼稚園・保育所ともに3歳以上の教育については，幼稚園教育要領を基準とすることになっている。

幼稚園教育要領は，学校教育法に定められている幼稚園の目的・目標を基に，幼児教育における教育課程の国家的基準を示したものである。したがって，幼稚園や保育所などの日本の幼児教育現場で具体的にどのような教育をしていくかについて，計画・進行していく上で重要な基礎となる。

幼稚園教育要領は，学校教育法における5項目の「幼稚園教育の目標」を示しており，それぞれが，保育内容5領域「健康」「人間関係」「環境」「言葉」「表現」に相当する。幼稚園教育要領における領域「表現」の内容は，以下のような8項目が示されている。

① 生活の中で様々な音，色，形，手触り，動きなどに気づいたり，楽しんだりする。
② 生活の中で美しいものや心を動かす出来事に触れ，イメージを豊かにする。
③ 様々な出来事の中で，感動したことを伝え合う楽しさを味わう。
④ 感じたこと，考えたことなどを音や動きなどで表現したり，自由にかいたり，つくったりする。
⑤ いろいろな素材に親しみ，工夫して遊ぶ。
⑥ 音楽に親しみ，歌を歌ったり，簡単なリズム楽器を使ったりする楽しさを味わう。
⑦ かいたり，つくったりすることを楽しみ，遊びに使ったり，飾ったりする。
⑧ 自分のイメージを動きや言葉などで表現したり，演じて遊んだりする楽しさを味わう。

以上の内容を基準としながらも表現活動を楽しむとともに，遊びの中に様々な形で実現されていくことが，可能性として示されている。幼児の描く活動もこれらの内容を含みながら，時間・空間・もの・人間関係・雰囲気を意識しつつ，多様な課題にチャレンジしていきたい。

## ❷ 幼児の絵画の中にあるメッセージ

幼児にとって描くことは一つの遊びである。しかし，年齢が上がるにつれ，感動の記録やイメージの集約，描いて確認するなどの意義を表現として客観視することができる。すなわち，幼児は，何も絵画を描かない時間や期間においても描画になりうるイメージが脳裏に浮かびあがっている。幼児にとって絵画を描くことは，静かな遊びであり，相手を必要としない遊びであるが，戸外での遊びと

同様に，心地よい遊びでもある。

したがって，描画は，他の条件が等しければ，比較的静かな気質の幼児に好まれ，幼児は孤独な時に絵画を描く傾向がある。また，周囲の状況で戸外での遊びができない状況において行われるであろうし，戸外の遊びに疲れた時や遊びに変化がほしい時にも行われやすい。

その遊びという面をもちながらも，幼児の絵画はある意味で線や色彩のすべてがメッセージの固まりである。例えば，気持ちの元気な幼児はダイナミックで色彩も比較的色鮮やかであり，気持ちが沈んでいる幼児の絵画は線も細く，色彩も暗い場合が多く，それらの要素が単純な表現として描かれている。そこに描かれる内容の多くにおいて，幼児は自分の経験を形作っているものや自分の知覚に提供（自分が見たこと）されるものを描く。

それらの中から何を選ぶかは，その幼児がどのような興味を抱いたかなどによるが，単に描く幼児の個人的な好みによって限定されるだけでなく，個人的な経験の在り方によっても限定を受ける。動物を好んで描く幼児を調べてみると，田舎に住んでいる居住状況に加え，犬，猫，馬などの家畜と身近に接しながら暮らしている幼児が多い。

すなわち，幼児の絵画を描く表現の範囲は，視覚的経験と同じように，暮らしている環境によって条件づけられつつ，影響を受けていくと考えられる。このことに関連したエピソードとして，筆者はかつて，草原のゲル（テントの形の居住施設）で生活するモンゴルの遊牧民を訪ねた際，6人の幼児に絵画を描いてもらうと，6人の幼児全員が草原や馬を描いた。この結果からも絵画は，幼児の生活環境に密接であり，普段接している身近なテーマであることがわかる。

したがって，幼児の絵画は単純であるが，魅力ある「見て楽しい」表現であり，人間の生活現象の現れに根ざしている。そのため，描画は複雑な世界に見出された秩序の表現と考えられ，コミュニケーションの一つでもある。すなわち，幼児の描画は，知性の発達の徴候であり，大人が失った天真爛漫さも込められていると考えられる。

林（1996）は，造形表現の過程を三系論（三つの大事なおさえどころ）として，幼児が絵画を描くときに起こる感覚・知覚・記憶・イメージが頭の中で働き，統合された形で働く「系」として位置づけている。三系論の一つ目は，「想像の系」であり，頭の働きを中心にした「イメージや思い」の系である。

二つ目は，頭の中に浮かんだイメージを具体化し，見えるように色彩や形で外に表す表現の本命である。ここでは，クレヨンや紙などの材料，ハサミや筆などの道具，表現技法やシンタックス（造形の約束ごと，例えば，紙の上は空間の上であり，遠くを描いて表すことができること）などの知的な要素を含めた手を中心とした活動としての「技術の系」が働く。

幼児の場合，表現の喜びは，すぐ人に（特に身近な，好きな人に）伝えたくなり，共感

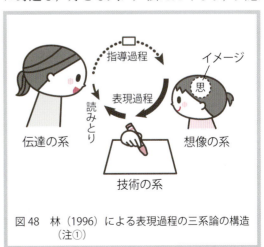

図48　林（1996）による表現過程の三系論の構造（注①）

を求めようとする。「幼児の絵画は，あなたへのメッセージ」といわれる言葉は，この伝達性である。したがって，伝達の対象としての受け手の指導者の対応，受け止め方，読み取り方，賞賛の仕方などを三つ目の「伝達の系」と呼ぶ。伝達の系を通して，自己表現は一応の完結を見ることになる。図48の林（1996）の理論は，幼児の絵画の中のメッセージを読み取るための重要な手がかりを示している。

　幼児の絵画は，線を含めて，描かれたすべてがメッセージである。そこに描かれた幼児の心の中の思いを受け止めながら，絵画を描く造形活動を進めていきたい。

　また，ローエンフェルドによる「幼児に，欲しがるものを全部与えてしまうと，発見，探検の糸口である重要な憧れを幼児から奪い取ってしまう。あらゆる願望を満たしてしまうと，満足を求める進取の気象を失わせてしまう。幼児の外的願望を満たすことが，幼児の内的要求を満足させるとは限らない」（注②）という視点は，絵画製作の想像性を高めるための重要なポイントを含んでいる。

### 3　造形表現のための描画材料の種類

　造形表現で「絵画を描く」実践を進めるために，次に具体的な描画材料を紹介していく。

#### 1　クレヨン・パス

　クレヨンとパスは，粉の状態の顔料を固めた素材である。現在は，水で落としやすい材料も開発されており，幼児期に接することの多い材料である。クレヨンは，ロウを主として，硬質に固められており，パスは，油性分を主体としてクレヨンよりも軟らかく固められているため，それぞれの特徴を活かした線描や塗り重ねを表現していきたい。

　また，クレヨンもパスも水にはじきやすい性質であることから，水彩絵具を水で溶いてかけた「はじき絵」（図49）はよく実践される表現方法である。一方でパスの軟らかさは，塗り重ねた面を竹竿などで引っ掻くスクラッチ（ひっかき絵）に向いている（図50）。

図49　はじき絵（コップの部位）を用いたお弁当箱を描いた絵画　　　　　　（学生作品）

図50　スクラッチ技法による表現
　　　　　　　　　　　　　　（5歳女児）

#### 2　絵具

　幼児が造形活動の中で扱いやすい絵具は，発色もよく，手についても洗い流しやすいポスターカラーであり，水量の加減によって，

透明感と不透明感を表現できる。また，紙だけでなく，石や木などにも塗ることができるアクリル絵具は，乾燥後に耐水性になる。乳幼児に関しては，小麦粉に水と食塩，食紅（水彩でもよいが，口に入れる危険性があるため，感覚遊びという面では，すべて食品の方を選ぶほうが望ましい）。

### 3　鉛筆，色鉛筆

鉛筆は，デッサンに見られるように黒色の中に濃いものから薄いものまであり，描写表現に用いられる。芯の先は，とがらせたり，丸くしたりしながら様々な表現ができるが，幼児の場合は，3歳児以上を対象に使いたい。

その際，芯が硬いため，ケガのないように扱いには充分に気をつける必要がある。芯は硬度によって幅広い段階があり，H（Hard），B（Black）などの記号と数字が組み合わさって表記されている。幼児の場合，筆圧が弱いため，2BからHB程度の濃さの鉛筆を使用することが多い。

### 4　マーカー，フェルトペン

マーカーやフェルトペンは，色数やペン先の太さも豊富に揃えることができ，色彩をつけることに適している。平均的な太さの線を引くこともできるため，筆圧に左右されることは少ない。

さらに，「水性（水に溶ける）」と「油性（水に溶けない）」があり，その他にも乾いた後に水に溶けない性質をもつ水性顔料インクを用いた「耐水性」がある。「油性」と「耐水性」はビニールなどにも描くことができるが，油性インクには有機溶剤が含まれるため，換気が適度に必要となる。

### 5　墨汁

墨汁は，東洋において，独特な雰囲気を出す素材として，古来より用いられてきた。通常，習字など，文字を描くことが連想されやすいが，絵画を描くことにおいても魅力ある素材となる。筆先だけでなく，筆全体を使って描くこともでき，水の加減によって濃淡を表現することもできる。

### 6　チョーク

チョークは，学校の黒板でも使われることが多く，幼児にとっては扱いやすい材料の一つである。例えば，野外で行う線描として，ベニヤの木板などにも描くことができ，線を描く楽しみを味わいやすい。その一方で，水ですぐに落ちてしまうので，長期的な展示には向かない。

### 7　自然素材

例えば，園庭などに落ちている木の枝も描画材にして楽しむことができる。規則正しい形ではなく，いびつな枝であることがかえって幼児の創造性を引き出す効果が期待できる。木の枝先に絵具をつけて，紙に描いたり，外にある砂地をキャンバスにして，絵画を描く活動をすることもできる。

## 4　幼児による描画の技法

### 1　フィンガーペインティング（指絵）

フィンガーペインティングは，手で直接絵具を紙に塗る技法である。実際に手で触って「ぐちゃぐちゃ」とした感触を楽しみながら，手や指跡を残して描くことができる。画用紙の他にもカレンダーの裏の白いツルツルの部分に描くと絵具のすべりがあり，楽しむ

ことができる。

　絵具の作り方としては，小麦粉や薄力粉1に対して水3〜4を溶かして，火にかけて（絵具を扱いやすくするためであるが，この作業が難しいような環境であれば，火はかけなくてよい）混ぜながら，とろみが出るまで煮て，それを冷まして，ボールに入れて好きな水性絵具（ポスターカラーなど）を盛り，手でかき回しながら全体的に広げ，手で広げた面に，指や手全体で絵画を描く（図51，52）。

図51　様々な色彩の小麦絵具
　　　　　　　　　　　　　　　　（学生）

図52　小麦絵具によるフィンガーペインティング
　　　　　　　　　　　　　　　　（学生）

### 2　スタンピング

　スタンピングはハンコのように押して描く技法である。紙コップの底や野菜，紙をくしゃくしゃにしたものなどを用いながら，紙に押して遊んでみたい（図53）。型を押すことを繰り返すと同じ形が並んで不思議な絵画ができあがる。また，未満児や年少児の場合，手や足の裏にポスターカラーを溶いた絵具を塗り，紙に手形や足形を押して（図54），鯉のぼりや動物に見立てて遊ぶこともできる。

図53　もみじとピーマンの野菜スタンプ
　　　　　　　　　　　　　　　　（学生）

図54　手形からデザインしたサンタクロース
　　　　　　　　　　　　　　　（3歳：女児）

### 3　ステンシル

　ステンシルは型紙版であり，様々な型を探したり作ったりしながら，絵具をスプレーして，パスで塗り込む技法である。また，ローラーで画面の中の型を移動させながら，作品

第2章　造形に発展する素材と表現方法の手がかり　49

を製作していくと美しいデザインが広がる。ここで用いる型は，落ち葉や紙をちぎったものなど，様々な形（図55）を探して取り入れてみたい。

図57　鍋の裏側をフロッタージュした作品
（5歳：女児）

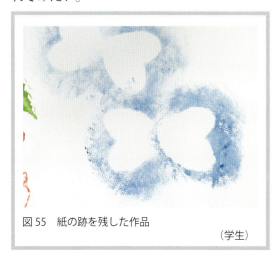

図55　紙の跡を残した作品
（学生）

### 5　デカルコマニー

デカルコマニーは合わせ絵のことであり，紙に自由に色を置き，二つ折りにして合わせてこすると彩転写されて左右対称の形が浮かび上がる。心理学のロールシャッハテストでも用いられるが，デカルコマニーは，じっと見つめていると不思議なイメージを受け取ることができる（図58，59）。

### 4　フロッタージュ

フロッタージュは，「こする，さする，摩擦する」という意味であり，例えば，硬貨の上に紙を置き，鉛筆でこすると形が浮かびあがるが，そのまま形をこすり出して，紙面上に表現する技法として用いることができる。この他にも木材の表面や食器などの表面を鉛筆やクレヨン等でこすり出しながら表現してみたい（図56，57）。

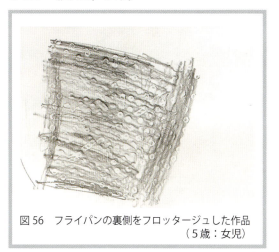

図56　フライパンの裏側をフロッタージュした作品
（5歳：女児）

図58　水彩絵具による作品
（学生）

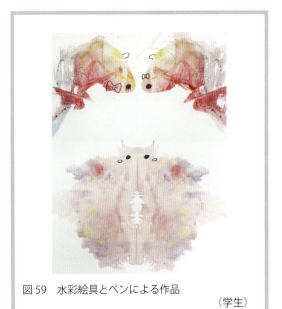

図59　水彩絵具とペンによる作品
（学生）

図61　和紙にマーブリング用絵具で着彩した作品
（学生）

### 6　マーブリング

　マーブリングは，水の上に浮遊させた絵具を紙の上に定着させる技法である。また，日本に古来からある技法で水に墨を浮かばせ，紙に定着させる「墨流し」があり，この技法もまさに，マーブリングである。

　マーブリングの名称は，大理石（マーブル）に似たデザインになるので，その名前に由来している。そっと水の上に絵具を静かに混ぜて紙に写すと手描きには表現しにくい鮮やかな形が浮かび上がる（図60，61）。

### 7　コラージュ

　コラージュは「貼り絵」の意味で，絵具の代わりに広告や雑誌，折り紙や色画用紙などの材料を貼り合わせて作る技法であり，幼児にとっては，描くこととは違った表現が展開できる。

　3歳児以下のハサミを使うことの困難な幼児は，手で紙をちぎって，のりで紙に貼りつけることからコラージュを進めていきたい。絵具の混色をすることがないため，素材の色自体を活かした鮮やかな作品製作をすることができる（図62）。

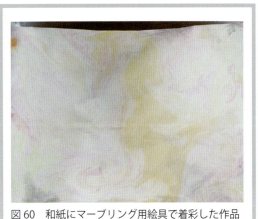

図60　和紙にマーブリング用絵具で着彩した作品
（学生）

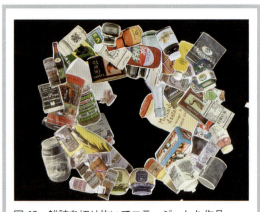

図62　雑誌を切り抜いてコラージュした作品
（学生）

## 8 切り絵

　色画用紙をちぎって紙に貼る造形活動は，ハサミの使用が難しい幼児にとっても扱いやすく，比較的簡単に楽しむことができる。色画用紙や折り紙を使って，季節感のある作品や動物などを製作してみたい（図63，64）。

図63　△と□の形を用いた秋のイメージ
（学生）

図64　月夜のイメージ
（学生）

## 9 墨　絵

　画用紙や障子紙などの和紙に墨汁を使って描く墨絵は，日本独特の味わいのある画材を楽しみながら，太い線や細い線で表現することができる。

　この技法は，色彩を使わないことが多いが，色彩が無いため，逆に白い余白部分を通して，幼児の想像力を高めることができる。年長児までは，比較的自由な表現を試し，年長児になれば，割り箸ペンや墨の濃淡を活かした表現に発展させていきたい（図65，66）。

図65　カメを描いた作品
（5歳：女児）

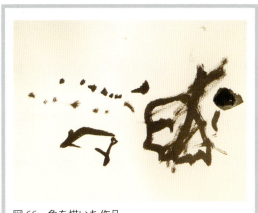

図66　魚を描いた作品
（2歳：女児）

### 10　紙版画

　画用紙やダンボールをちぎったり，切ったりして，その部分を重ね，版にして，遠近感や立体感を楽しむ紙版画は，幼児にとって扱いやすい版画表現である。黒と白による表現や左右が反対になって表現できる不思議さに触れながら行ってみたい。

### 11　ローラー版画

　木の葉などの自然物を紙の上に置いて，その上をポスターカラーなどの水性絵具を転がして，版画表現をするローラー版画は大作や共同製作によって，残る色彩と塗られる色彩があることから，カラフルで面白い表現になる。

### 12　パソコンを使った描画

　デジタル化が進んだ現代は，映像による幼児の造形教育の可能性が広がっている。メディアに長時間接する各発達段階の幼児の脳内に及ぼす危険性も問題視されているが，その危険性を意識しつつ，害のないように気を配りながらも，映像機器を活用した幼児の想像性を高めることに用いてみたい。

　具体的には，パソコン内の「ペイントソフト」を使って，幼児が絵画を描くと，手描きにはない面白さを味わうことができる。また，指導者としては，「power point」ソフトを用いて，「デジタル紙芝居」の製作や「デジタル絵本」の製作をすることも可能である。このような表現は，写真を取り込んだり，音楽を入れたりしながら，動画としての視覚的な魅力を伝えることができる。

## 5　絵画を描くための様々な紙の種類

### ❶　画用紙

絵画用に作られた紙で発色や色の彩色がしやすい。適度な粗い面がある。

### ❷　色画用紙

絵画や造形活動のために作られた紙。現在，多様な色がある。

### ❸　ケント紙

紙にロールをかけてある緻密な紙。線描や図案のデザインに使用する。

### ❹　アート紙

グラビア用の印刷用紙。表面加工されており，平滑で筆跡が残りやすく，その効果を活かした絵画を描くことができる。

### ❺　クラフト紙

丈夫なパルプ紙で，袋などに使用する。多くは茶系の色で耐水性がある。

### ❻　更　紙

吸水性があり，変色しやすいが，安価な紙で多く使用する活動に向いている。

### ❼　模造紙

高級紙の模造として作られた紙で，安価である。協同製作の際に製作用紙として使用する。

### ❽　白ボール紙

再生紙を間に入れて，表面の白い紙と貼り合わせた厚紙で吸水性がある。

❾ 黄ボール紙

黄色の厚紙で，箱材に多く使用される。

❿ 木炭紙

木炭のデッサンに使用する。こすっても毛羽立たない丈夫な性質をもつ。

⓫ 地紋紙

表面を型押しして加工し，キャンバス地などの様々な凹凸をつけた紙。

⓬ ダンボール紙

大型の箱を作ることなどで使用され，丈夫であり，工作にも使えるが，絵画を描く際にも大作の製作ができる。

⓭ 和　紙

伝統的な技法を用いて，日本各地の風土の中で様々な和紙が作られている。にじみやしみこみの強い版画紙である「奉書紙」，表面を平滑にして，しみこみやにじみを少なくした絵画用の紙である「鳥の子紙」，しみこみが強く，筆使いなどが活用できる「画仙紙」，幼児教育施設で多く使われ，しみこみがよく，安価な「半紙」，巻紙にされた和紙で，やや厚手でしみこみのよい紙で形状を利用して使う「障子紙」がある。

## 2　「作る」からつながる造形表現

### ❶　「作る」造形表現

現代は，ペットボトル，牛乳パック，お菓子の空き箱など，様々な「作る」につながる素材を手にすることが可能である。また，木の葉や木の枝などの自然素材には，ドイツの「森の幼稚園」の取り組みにおいても見られるように，世界的にも人間の感性を環境から養う教育実践が報告されている。

さらに，テープや接着類なども豊富に開発されている。このことは，幼児の造形活動の中に「何を取り入れるか」を問われている時代でもあり，その背景を基に実践を展開していく「指導者の豊かな造形活動への視点」も大切になってきていることを意味している。

### ❷　造形表現のための「作る」材料の種類とその技法

#### １　「作る」に発展する材料

ここで，「作る」に発展する素材について取り上げながら，それらの素材感について紹介しつつ，造形材料を取り入れて造形活動を楽しむための活動イメージを膨らませてみたい。

幼児の描画やハサミを使って切ったり，貼ったりする際に，手にする代表的な素材が，紙である。ここでは，まず，紙の種類や技法を取り上げながら，幼児が紙を使って行う造形表現について，紹介していく。

「紙」という素材には，描く，作るなどの幅広い造形活動への発展が期待される。今日，幼児の周辺にある紙を見てみると，「コピー

用紙・新聞紙・ダンボール・画用紙・色画用紙・折り紙・紙皿・紙コップ・牛乳パック・お菓子やティッシュボックスの空き箱」など幅広い紙の材料に囲まれている。これらは産業の発展により，様々なデザインがあり，幼児は材料のもつ形や材質を自在に扱いながらイメージを広げていくことができる。

　また，日本に古来より伝わる伝統的な紙としては「和紙」に着目することができる。和紙は，日本の各都道府県の中で，その土地や風土の中で培われた独特な工程で作られ，味わいのある紙の雰囲気や質感がある。21世紀に生きる幼児にとって，日本や東洋の美術においても数多く用いられ，今日も魅力が見直されている和紙と幼児の関わりには多くの意義が考えられる。

### ❶ コピー用紙

　コピー用紙は，大量の紙を用いた実践で有効な材料である。らくがき遊びなどの描画や折ったり，くしゃくしゃにしたり，まるめたり，様々な造形活動を楽しむことができる。ただし，紙の精密な性質上，取り扱いの仕方によっては，手を切りやすいので注意が必要である。

図68　コピー用紙を切って貼ったクリスマスのイメージ
（5歳：女児）

図69　コピー用紙の小物入れ
（5歳：女児）

図67　コピー用紙の素材の感触を確かめる幼児
（1歳：女児）

### ❷ 新聞紙

　身近で，ちぎったり破ったりするリサイクルの紙として思い浮かびやすい素材は，新聞紙ではないだろうか。大量の新聞紙を幼児の集団の中で用いた場合，ある幼児は紙の上に寝転がったり，ある幼児は紙を破って遊んだり，まるめて棒状にして見立てたりと多くの遊びに発展する。

　それらは紙の質感が軽量な感じであることと，白い紙に比べて温かい質感の印象を幼児に与えることによって，造形素材としての心

第2章　造形に発展する素材と表現方法の手がかり　　55

図70　新聞紙を使った造形活動
　　　　　　　　　　（学生と幼児）

図71　ダンボールの中に入って遊ぶ幼児
　　　　　　　　　　　　　（1歳：女児）

### ❸　ダンボール

　新聞紙と同様にリサイクルの紙として，造形活動に多く用いることのできる素材がダンボールである。ダンボールは折られていない平面的な形状，箱型の形状があり，それぞれの利点を活かした楽しさがある。平面の状態では2mを超す超大型のダンボールがあり，ダイナミックな描画や劇表現の舞台背景，あるいは紙芝居の製作など幅広い表現ができる。

　また，箱形のダンボールも描画をしたり，飾りをつけたりした作品製作が可能であるが，なんといっても年齢が低いほど，幼児にとっては，「ダンボール箱に入りたい」という意欲が高まる。ダンボールの温度感や安定感によって，固定できる素材の特性と，家や車などに見立てる遊びが可能である。

　実際に，ダンボール箱に入ってみると紙の素材の中でも抜群に温かいことに気づく。この点も中に入って遊びたいという幼児の思考につながり，迷路やお城などの製作に結びつく素材の特徴がある。

図72　大型ダンボール（2m×2m）に水彩絵具で製作した劇発表の舞台　　（学生）

### ❹　折り紙

　折り紙は，折り方によって，様々な形を作り出すことができる。動物，花，乗り物，人形，おひな様や節分の形などのテーマで，簡単な折り方から複雑で高度な折り方まで何種類もの折り紙作品が今日まで開発されている。さらに，壁面装飾や行事の際の展示物の装飾にも活かすことができ，柄についても和風なものなどが数多くあり，海外の幼児には，日本の紙というと連想される代表的な日本の紙素材である。

図73　折り紙を使った七夕行事の飾り
（5歳：女児）

❺　紙　皿

　紙皿の丸い形は，形を活かして，真ん中をくり抜いたリース作りやフォトフレーム，内輪，フリスビー，お面などの造形作品を製作することができ，季節の行事にも活用の場が多い。

❻　紙コップ

　紙コップは見た目を利用した人形や顔をデザインして造形作品にしたり，入れ物としての利点を活かして，けん玉，豆まきの豆入れなどにして行事にも活用できる。

❼　牛乳パック

　牛乳パックは，ハサミで一枚の紙状にして，折り目を活かしながら，幼児の発想を広げたり，パクパク人形，乗り物，あるいは，色々な形をハサミで切り出し，モビールにするなど，リサイクル工作としても着目できる紙素材である。

❽　お菓子の空き箱

　お菓子の箱には，おもちゃや造形物につながる多種類のデザインがあり，ぜひ活用してみたい紙素材である。箱の形を見立てながら，乗り物にしたり，箱の中に絵具で色彩をつけることによって，意外な発想から製作を楽しむことができる。

図74　牛乳パックで作ったパソコン
（5歳：女児）

図75　様々な紙素材で製作したおもちゃ
（学生）

図76　様々な紙素材で製作したおもちゃ
(学生)

図77　紙素材を使ったおもちゃ
(5歳:女児)

図78　紙皿を用いたクリスマスリースの製作の様子
(3歳:女児と5歳:男児)

図79　紙皿に折り紙やシールで製作する様子
(3歳:女児)

　これまで,幼児の周辺にある紙材料を紹介してきたが,紙を用いた技法は無数にあり,幼児のかけがえのない豊かな発想による紙の造形製作につながっていく可能性を多く含む。そこには,幼児に関わる指導者の紙製品への視点や日本の風土への関心も重要となる。紙は身近であるがゆえに,扱いやすく,造形活動において,幅広く活用していきたい造形材料である。

## 3 幼児による「作る」の技法

ここでは、前述して紹介した紙素材を基にしながら、その紙素材をどのように活かしていくことができるかについて、紙で「作る」技法をいくつか紹介していきたい。

### 1 対称形づくり

一枚の紙の中から二つ折りにした模様を作り出す。この方法であれば、1枚の線を紙に描いて切り取っていくことよりも凹凸が左右対称で美しい形を作り出すことが可能である。さらに、幼児にとっては、二つ折りにした紙をハサミで切った後に開く時の楽しさがある。折り線を中心とした対象形の美しい形を見た幼児は、「わー」「かわいい」といった驚きの声を発するであろう。

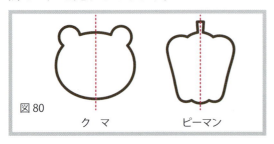
図80　　　　　クマ　　　ピーマン

■製作の展開

色紙・ハサミ・描画材料を用意し、事前に指導する側は、二つ折りの作例を作り、壁面などに貼っておく。この場合、下描きをしない方が思いがけないユニークな形になりやすいため、幼児と実践する場合にもなるべく下描きをせず、ハサミで切り取るようにしたい。

また、色画用紙や折り紙などのカラフルな素材を選び、壁面装飾にもして製作することができる。製作に関しては、幼児に折った線から半分の形を切り取ることを認識させ、切った形が気に入らなければ、修正を何回行ってもよい。

### 2 二つ折りを立たせる

前述した二つ折りの応用として、その形を立体にする表現もできる。二つ折りで切り取った一部を折って自立する作品製作を行い、折り紙などで柄をつけることもできる。この製作は年中児以上の年齢で楽しんでみたい製作であるが、平面の形が立体に変わることを予測しながら、形を切り取る製作になり、三次元の形を把握することができる。切ったり折ったりしながら、形の変化を楽しんでみたい。

■製作の展開

最初に指導する側と一緒に、比較的簡単な動物の切り取り製作を行ってから実践を進めてみたい。この製作は、内容の難易度から年長児において実践を検討していきたい。まず、紙を二つに折り、作る動物の輪郭線を描き、どの部分を折るかを考えさせる。次に、できれば、切る場所の線を描かず、丁寧に形を切り取っていく。その後、開いて立たせた状態から描画材や色紙を用いて顔の表情を描く。最初は、薄いコピー用紙などで練習し、慣れてきたら色画用紙などで作ってみたい。

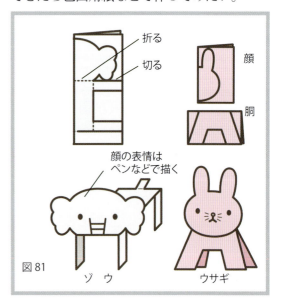
図81　　ゾウ　　ウサギ

## 3 パクパク人形

パクパク人形は，紙コップや牛乳パック，あるいは色画用紙などの様々な材料で製作することができる。幼児に語りかけたりする際に，心をほぐす意味もあり，パクパクと動く口の表情が幼児の注目を引きつけ，歌や約束ごとなどを教える時に効果が高い。

### ■製作の展開

紙コップや牛乳パックの場合は，比較的真ん中あたりに切り込みを入れて切ることが可能であるが，じゃばらにする画用紙などを用いる場合は，長さを事前に指導者側が測って，線を引いておき，幼児に渡すと製作がスムーズになる。

その後，幼児に山と谷を折曲げさせて，顔を飾る形を作り，取り付けさせる。ゴム止めの切り込みは，年齢によって，幼児自身ができるようであれば，ハサミで切らせ，難しいようであれば，指導者側で切り込みを入れる。完成したら，手を入れて遊んでみたい。

## 4 けん玉

日本の伝統的なおもちゃである「けん玉」は，現在でも幼児の遊びの中で取り入れられ，様々な技術のある伝承遊びである。木やプラスチックで作られた「けん玉」は，糸のついたボールを台に乗せるか先端部位に突き刺す遊びであるが，紙で行う場合，紙コップの容器の形自体を活かして，簡単に製作することができる。

### ■製作の展開

ボールは新聞紙や広告紙などの紙をセロテープやガムテープで巻き付け，固まりにしたものを使用する。糸はタコ糸を用い，紙コップの部分は，折り紙を貼ったり，ペンあるいは水性絵具で模様を描いたりしながら，カラフルにして製作する。この他にも割り箸を紙コップの先につけ，紙皿をくり抜いて穴をあける仕組みのけん玉で遊ぶこともできる。

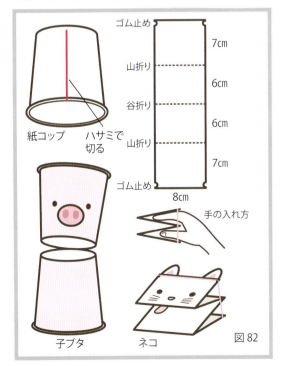

図82

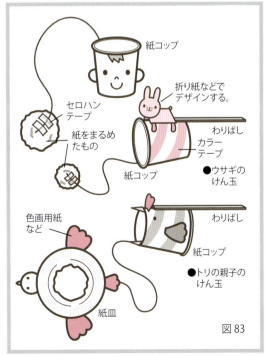

図83

## 5　紙のシーソー

シーソーは公園の遊具として幼児に親しまれる楽しい遊びである。揺れる動きを利用しながら，紙皿を使って製作した場合，ユニークな卓上遊具を演出することができる。様々なデザインを考えながら，動物などのイメージを表現してみたい。

### ■製作の展開

紙皿を折って，半分の一点折りにし，半円を作る。奥行きをつけたい場合は，折り目の部分を少し幅広の二点折りにして，その部分に装飾をすることもできる。装飾は，色紙や折り紙で行い，揺れ動く独特な世界を楽しみたい。

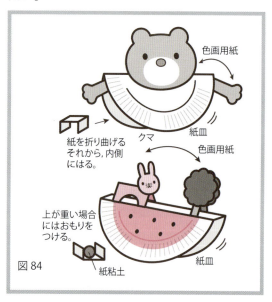

図84

「作る」ということについて，これまで主に「紙」という素材に着目しながら実践につながる視点を紹介してきた。現在，「作る」に関わる素材は，粘土，リサイクル製品，自然素材など幅広い素材を扱うことが可能である。それらの詳細については，以後の章の中で見ていくことにしたい。

### ▼　演習 4　▲

『紙』を用いて「描く」または「作る」のどちらかを選び造形活動を行うための実践計画の指導案を作成してみよう。

---

●注
① 林健造『異文化としての幼児画』フレーベル館，1996，pp.20-22
② V. ローエンフェルド『子どもの絵』白揚社，1956，p.25

---

●参考文献
① 東山明監修『幼児の造形ワークショップ3　基本と展開編』明治図書出版，2004
② 横地清『ここまで伸びる保育園・幼稚園の子どもたち－絵画・造形教育編－』東海大学出版会，2009
③ 無藤隆『事例で学ぶ保育内容〈領域〉表現』萌文書林，2007
④ 磯部錦司編著『造形表現・図画工作』建帛社，2014
⑤ G.H. リュケ『子どもの絵』金子書房，1979
⑥ 林健造『幼児の絵と心』教育出版，1976
⑦ 花篤實監修『幼児造形教育の基礎知識』建帛社，1999
⑧ 須賀哲夫『子どもの絵の世界』サイエンス社，1979
⑨ 村上優編著『保育の創造を支援するコンピュータ』保育出版社，2006
⑩ 園部真津夫『製作研究シリーズ①いろいろな紙の製作』建帛社，1984

# 第3章 様々な素材との出会い

## 1 「紙」とふれあう造形表現の実践

「紙」を用いて描いたり，作ったりする活動は前章においても基本的な技法をいくつか紹介してきたが，ここでは，実践事例に基づきながら，保育実践へとつなげられるような実践計画の方法やポイントをまとめ，造形素材に幼児が出会う楽しみを検討していきたい。

### ❶ 新 聞 紙

幼児にとって，身近であり，ちぎったり破ったりするリサイクルの紙として思い浮かびやすい素材は，新聞紙ではないだろうか。大量の新聞紙を幼児のクラスで用いた場合，ある幼児は新聞紙の上に寝転がったり，ある幼児は新聞紙を破って遊んだり，まるめて棒状にして見立てたりと様々な遊びに発展する。

それらは紙の質感が軽量な感じであることと，白い紙に比べて質感の温かい印象を幼児に与えることによって，造形素材としての心身的な安心感もあることが考えられる。

### 実践例 1
「ちぎって，つなげて」
　　　　　　　　　　　　　（2歳児～4歳児）

【実践の概要】

新聞紙を幼児に渡し，数枚の新聞紙を用いて各自で遊ぶ。低年齢の幼児であれば，ちぎったり，まるめたりしながら新聞紙の素材を楽しみたい。新聞紙の遊びとしては，他にも新聞紙を丸くしてボールにし，もう1枚の新聞紙に穴を開けて穴入れゲームをしたり，輪っかにして下に並べてケンケンパをしたり，細く丸めた新聞紙をつなげて縄跳びにして遊ぶこともできる。

そこで，その前提として，新聞素材の素材自体の面白さをつかむためにちぎったり，つなげたりする新聞紙の遊びを行ってみたい。具体的には，①ちぎった新聞紙で見立て遊びをする。②新聞紙をセロテープでつなげて大型の新聞紙で遊ぶ，という2つの活動を行う。

【準備する材料】

新聞紙，セロテープ

【留意点】

ここでは，ハサミを使うことの難しい低年

齢の幼児にも簡単に楽しむことのできるダイナミックな遊びを進めてみたい。ちぎる遊びについては，ちぎってできる不思議な形からイメージを広げ，形と形をセロテープでつなげ，見立てながら作品を作ることができる。

さらに，ちぎった新聞紙を床に積んで，山にして，例えば，夏や冬から連想するイメージを土台にしつつ，様々な形を作り出すことができる。つなげる場合は，つないで大きくしていき，協同的に全員でフワフワさせて，その中に入って遊ぶ造形作品を製作することができる（図85）。

【表現の展開】

新聞紙はレクリエーションや心をほぐすアイスブレーキングの場面で造形作品として製作しながら，造形を用いた遊びに発展させていきたい。また，4，5歳児であれば，新聞紙をまるめてガムテープでとめ，マジックペンなどで装飾する新聞紙の彫刻を楽しむことができる。

図86　新聞紙の彫刻

（学生）

図87　新聞紙の彫刻

（学生）

図85　新聞紙をつなげて飛ばす

（学生）

### 実践例 2

「着飾ってファッションショー」

（3歳児〜5歳児）

【実践の概要】

新聞紙を用いて幼児と一緒に兜や帽子，お面を作り，お店屋さんごっこなどの遊びを行う。新聞紙の衣装は，ハサミをうまく使うことのできない3歳以下の幼児にとっても，ちぎって穴を開けたりしながら製作できる。

例えば，行事の際や劇の発表会などで活用可能な，「孫悟空」や「赤ずきん」などの物語を自分で演じて，あらすじを理解しつつも，

実体験も通して学びを深めることができる。また，絵本の読み聞かせや身体表現にも取り入れることが可能である。

## 【準備する材料】

新聞紙，セロテープ，ガムテープ

## 【留意点】

1枚の新聞紙のみにとらわれることなく，くしゃくしゃにまるめて，その新聞紙を広げて，しわの入った独特の風合いを衣装に取り入れたりしながら，様々な新聞紙の素材感を引き出すことを指導のポイントにしていきたい。幼児に渡した新聞紙は薄く軽い状態であるが，まるめれば，重量感を持ち，ちぎれば，軽く感じる。このような「不思議」という造形活動の印象を大切にしながら，幼児の作品イメージにつなげていきたい。

## 【表現の展開】

新聞紙とともに白い光沢紙を取り入れると新聞紙の色合いと光沢紙の白色が相対的になり，新聞紙の素材感をきわだたせることができる。新聞紙には，シールや折り紙を貼ったり，マジックや水性のポスターカラーで色彩をつけたりすることもでき，カラフルな衣装

図89　新聞紙の衣装を着てファッションショー
　　　　　　　　　　　　　　　　　（学生）

を製作することも可能である。

● 参考文献
① 『新聞紙で遊ぼう！ワクワク ドキドキおやこで楽しもう！』熊丸みつ子，かもがわ出版，2012
② 『新聞紙で遊ぼう』小菅知三，明治図書，1985

## ❷　画用紙

画用紙は，幼児がもっとも接することの多い紙の造形材料であるといえる。1枚の白い画用紙を使って，色々な紙のおもちゃやカードを作ることができる。画用紙は，大きさに応じて，個人製作から協同製作まで幅広く用いた実践をしていきたい。

### 実践例 ❶

「画用紙の影絵」

（2歳児〜5歳児）

## 【実践の概要】

影絵は，日本においては江戸時代に障子のふすまへ映す遊びから始まっており，映像機器の無い時代から娯楽として親しまれてきた歴史がある。また，中国やタイ，インドなどのアジア諸国では，伝説の物語を水牛やラク

図88　新聞紙の衣装を着てファッションショー
　　　　　　　　　　　　　　　　　（学生）

ダの皮で作った人形で映して演じられ，長い歴史をもつ芸術表現でもある。ここでは，保育実践につながるように簡単な装置を使って，影絵を表現してみたい。

　まず，木材で木枠を作り（用意が困難であれば，ダンボール箱をくり抜くことで図94のように簡単な影絵の舞台を作ることができる），障子紙やシーツを貼り，その後ろからスタンドライトか懐中電灯で照らす。光を通す部分は，その色彩になり，光を通さない部分は黒く映る。実践においては，季節の歌や絵本の世界を表現してみたい。

### 【準備する材料】
　画用紙，セロテープ，ハサミ，影絵の舞台（用意ができる範囲の前述した内容），スタンドライトまたは，懐中電灯（手持ち式）

### 【留意点】
　ハサミが使えない年齢の幼児は，画用紙をちぎって形を作ってみたい（図90）。また，ライトなど熱のあるものについては，怪我のないように注意をして，造形活動の環境設定をしたい。例えば，季節の歌に合わせて，影絵作品を動かす際，手で持ってもよいが，竹ひごをつけると，その部分を持って演じることができる。

図91　画用紙を使った影絵作品
（学生）

図92　画用紙を使った影絵作品
（学生）

図90　画用紙を使った影絵作品
（学生）

図93　カラーセロハンを使った影絵作品
（学生）

第3章 様々な素材との出会い

図94 ダンボール箱を使った手作りの影絵舞台と上演
（学生）

【表現の展開】

影絵は白黒の他にもカラーセロハンを使うと，よりいっそう幻想的な世界になる。

● 参考文献
① 『影絵』後藤圭，文渓堂，2012.
② 『影絵遊び・影絵劇 保育のアイデア 15』森田浩章，童心社，1978
③ 『影絵をつくる シリーズ・子どもとつくる 3』後藤圭，大月書店，1983

実践例 ❷

「紙相撲」
　　　　　　　　　　　（3歳児〜5歳児）

【実践の概要】

紙を用いて遊ぶ場合，幼児の玩具を製作して遊ぶことができる。この場合，どのように遊ぶことができるかを考えてみると「回る」という動きでは「こま回し」，「転がる」という動きでは「ボーリング」，「投げる」という動きでは「フリスビー」などが思い浮かぶ。そのように連想してみると，幼児が紙に動きを加えた紙の遊びを多く考え出すことができる。紙相撲は，紙の力士をデザインし，空き箱で土俵を作り，相撲の遊びをする造形製作である。紙の力士は，折り目をつけて自立するものであれば，幼児が自由にイメージしたデザインを製作して楽しむことができる。

【準備する材料】

画用紙，お菓子やティッシュボックスなどの空き箱（装飾を楽しむ場合は，シールなどを用意してカラフルな土俵を作ることができる）

【留意点】

紙の力士のイラストを描き，ハサミを使うことのできる年中以上の年齢で，製作を進めていきたい。力士のイラストをあらかじめ，描いてから切るようにしていきたい。また，幼児が使用するハサミは「❶指がなじみやすい形，❷よく切れる，❸刃先が大きく開く，❹刃先が安全な形をしている」ことが大事であり，ハサミの指導のポイントは「❶ハサミは小さな穴に親指，大きな穴に 2〜3 本の指を入れて，ハサミの刃を片手で大きく開けたり閉じたりする，❷ハサミを持った腕は，ひじの所で身体に固定して，脇をあけないようにし，刃先をまっすぐ前に向けて開閉する，❸切る紙は左手に持って，切る線に刃を合わせながら紙を動かして希望の形に切る，❹ハサミの先まで使ってチョキンチョキンと切らないで，刃先のかみあう前で刃を開いて，これを連続して長く切る」の4つに集約される。

【表現の展開】

ハサミの指導を取り入れながら，丸く切ったり，四角に切ったりして，画用紙を使って練習してみる。その切った形から力士の形を考えていくと，最初からイラストを考えることとは違ったユニークな作品製作につながる。

図95　紙相撲での対決
　　　　　　　（5歳：男児と学生）

● 参考文献
① 『かみのぞうけい』西光寺亨, サクラクレパス出版部, 1981, pp.32-33

## 3　色画用紙

### 実践例 1

### 「ポップアップカード」
（3歳児〜5歳児）

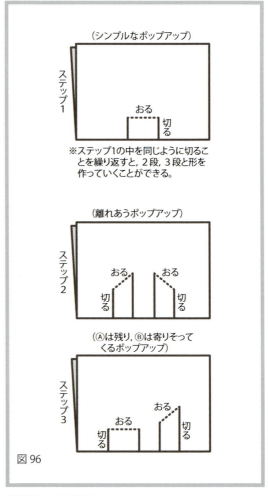

図96

### 【実践の概要】

　ポップアップカードは，開くと平面的な紙から立体的な形が飛び出してくる紙で作ったカードである。季節の花や七夕，お誕生日会，クリスマスなどの行事で幼児への導入を行ったり，一緒に作る活動を実践してみたい。色画用紙で製作を始める前に，事前のトレーニングとして，以下の3つのステップを体験し，実践計画を考えて「①指導者が事前に作っておいて指導に用いるカード，②幼児と一緒に楽しんで作るカード」に分けながら，カード作りを楽しみたい。

### 【準備する材料】

　色画用紙，のり，ハサミ，セロハンテープ，＜以下は指導者が製作する場合に使用する＞カッター，カッティングマット，この他にもマスキングテープ，モール，穴開けパンチ，クラフトパンチ，ペンなどを並行して使うことができる。

### 【留意点】

　ポップアップカードは，作る事前段階で，難しいと感じる場合が多い。そこで，最初に，カードのデザインイメージを絵画にして，スケッチブックなどの紙に描き，コピー用紙に切り込みを入れて，そのデザインを参考にポップアップカードのモデルを作ってみ

ると，その後の作品製作がスムーズに進みやすい。

**【表現の展開】**

　ポップアップカードの技術は高度なレベルから，幼児が製作できるレベルまで非常に幅広い。そこで，指導者としては，技術を活かして，ポップアップカードを複数重ねたポップアップの絵本作りに挑戦し，クリスマスなどの行事に驚きのある導入や保育実践を展開していくことができる。

図99　ポップアップカード参考作品
（学生）

図97　ポップアップカード参考作品
（学生）

図100　ポップアップカード参考作品
（学生）

図98　ポップアップカード参考作品
（学生）

図101　ポップアップカード参考作品
（学生）

●参考文献
①高橋洋一・高橋としえ『ポップ・アップ・クラフトのおくりもの』誠文堂新光社，2011
②ポール・ジャクソン『ポップアップの作り方』大日本絵画，2013
③杉崎めぐみ『Happy 手づくりポップアップカード Book』講談社，2009
④吉田ちかこ『「おめでとう」「ありがとう」のポップアップカード 心のこもった手づくりカード』誠文堂新光社，2008

実践例 2

「壁面製作」　　　　　　　　　（2歳児〜5歳児）

## 【実践の概要】

幼児の過ごす環境の中で壁面を飾ることによって，室内や廊下に豊かで創造的な空間を演出することができる。「入園，子どもの日，遠足，梅雨，七夕，海，ハロウィン，雪だるま，クリスマス，お正月，節分，ひなまつり，卒園」などの日本の四季を通した作品を製作して楽しみたい。また，「桃太郎」や「3匹の子ぶた」などの物語を壁面で製作することができる。

具体的な製作は，「指導者が製作して飾っていく壁面」と「幼児が製作した作品を貼っていく参加型」の壁面に分けられる。幼児が参加する場合でも保育者がある程度の背景を壁面として作っておくことで，幼児の発想が高まっていく。

壁面の背景は色画用紙をつなげて製作したり，季節感のある色彩の模造紙を用意しておきたい。壁面は平面的な飾りの他に立体的なポップアップ壁面（図103）まで幅広くデザインして製作することが可能である。

## 【準備する材料】

色画用紙，のり，ハサミ，セロハンテープ，ひも，模造紙，シール，ペン，折り紙など

## 【留意点】

壁面の飾りは，部分部分で製作していくと作りやすい。例えば，鳥であれば，「顔，体，はね，しっぽ」を別々に作り，後で，のりでつけていくようにする。また，壁面の背景となる色彩の選び方や背景のデザインとなる山や雲，空などもやわらかい形で表現していきたい。

## 【表現の展開】

壁面の中には，色画用紙で充分楽しい表現を展開することが可能であるが，毛糸などのひも状の素材や折り紙などを取り入れて，色画用紙を引き立たせるような表現をすることができる。また，立体感のあるカードは，図103のようなポップアップカードの発想を取り入れながら，不思議な平面の世界を作り出していきたい。

図102　様々な壁画作品

（学生）

第3章 様々な素材との出会い

図103　壁画作品（クリスマス）　　　（学生）

図104　壁画作品（お誕生日会）　　　（学生）

図105　壁画作品（いもほり）　　　（学生）

● 参考文献
① 佐藤和代『楽しくて，かわいい壁面飾りアイデア集』ナツメ社，2007
② 島田明美『とびっきり立体壁面』チャイルド社，1998
③ 中山ゆかり『とってもかわいい！すてきな壁面・ミニかざり＆カード』たんぽぽ出版，2010

## 4　ダンボール

実践例 ①

「手作りダンボール紙芝居」
　　　　　　　（2歳児～5歳児）

### 【実践の概要】

　板状のダンボールは，平らな紙の間に波形の紙がはさまれているため，波目の断面にかかる力に強い紙である。この素材はハサミであれば，波目がつぶれるため，多くの場合，指導する側が製作を行う前にカッターを使って大きさを調節しておく場合が多い。

　着彩する場合は，ダンボールにはアクリル絵具が扱いやすいが，ここでは，絵具やハサミの使用が難しい年齢の幼児にとっても使用しやすい「切り紙」によって色彩を考えていくことにする。

　実践内容としては，紙芝居の日本的な昔話の内容を選んで，線を墨汁で描いていく手作りダンボール紙芝居の製作を行う。

　ダンボールは，身近にある空き箱などをカットして，板状にすることができ，製作を始める前に8枚なら8枚で大きさをそろえておきたい。また，大きさは，八切りの手軽な大きさの作品から，場合によっては5歳児による協同の大型ダンボールの製作にもチャレンジしてみたい。

### 【準備する材料】

　板状のダンボール，墨汁，色画用紙，のり，ハサミ，絵皿，バケツ

### 【留意点】

　のりの使用については，バケツに大和のりを溶かした造形材料を用意しておくと，幼児

が扱いやすいのりになる。そののりを水彩筆につけ，様々な色彩の切り絵をダンボールに貼りつけていく時に，幼児に使用させると扱いやすい。

## 【表現の展開】

　紙芝居の内容は，低年齢の幼児の場合，幼児に親しみやすい有名な話を選ぶことが無難であるものの，年長児になれば，地域に昔から伝わる民話を取り上げてみると，地域の中に眠る文化財を発掘し，学ぶ機会になる。また，民話に関係する地域の民話伝承者による「語り」と幼児の造形活動を関連させる機会があると造形を通した伝承活動にもなる。

　高度情報化の現代社会であるからこそ，手作りの紙芝居を作る経験も感性の育成に大切ではないかと考えられる。なお，ダンボールの黄土色の素材感は，民話を描く雰囲気に合う温もりのある素材でもある。

図107　切り絵による紙芝居の製作
　　　　　　　　　　　　　　（5歳児）

図106　手作り大型紙芝居の製作
　　　　　　　　　　　（5歳児と学生）

図108　手作り大型紙芝居の実演
　　　　　　　　　　　　　　　（学生）

図109　完成した手作り大型紙芝居の作品
　　　　　　　　　　　　　　（5歳児）

●参考文献
①右手和子・西山三郎・若林一郎『紙芝居をつくる』大月書店，1990
②長野ヒデ子・右手和子・やべみつのり『演じてみようつくってみよう紙芝居』石風社，2013

## 実践例 2

### 「ダンボール箱で遊ぶ」
（2歳児〜5歳児）

【実践の概要】

ダンボールは、❶家やトンネルを作って入って遊ぶ、❷電車などの乗り物、動物、ロボットの形にして、箱形を活かして身にまとったり、被ったりして遊ぶ、❸行事の装飾物として、例えば、クリスマスツリーや雛人形にして展示する、❹駒や積み木、楽器にして、おもちゃとして遊ぶなど、「遊び」の中で用いることができる。

【準備する材料】

❶〜❹の内容のいずれも、ダンボール、のり、ガムテープ、セロハンテープ、ハサミ、ペン、色紙、この他に指導者側がダンボールを切る際には、カッター、つなぐ際にはボンドを使用する場合があるが、取り扱う際に危険性もあるため、幼児に使用させない方が無難である。

【留意点】

ダンボールは、貼り合わせると、とても丈夫になる。一方で、紙に縦目、横目があるように、ひだがたてすじになっている方向に、直角的には曲げにくくなっている。椅子やテーブルなど、幼児が座ったりするような作品を考える時は、ダンボールの性質を利用しつつ、製作を進めていきたい。

【表現の展開】

5歳児であれば、グループごとに入って遊べるお家やトンネルを作り、最後にグループすべての作品をつなげると、入って遊べる巨大な家やトンネルができる。指導者が安全性に配慮しつつ、実践の導入段階から飾りの素材やイメージについて幼児と語り合いながら、作品の完成につなげていきたい。

なお、2、3歳の幼児であれば、ダンボールにペンや切り紙で描画し、入って遊ぶだけでも楽しい造形製作になる（図111）。

図110　ダンボールのキッチンでフライパンに見立てて、おままごとをする様子　（2歳：女児と5歳：女児）

図111　ダンボール箱にイラストを描いて、入って遊んでいる様子　（2歳：女児）

●参考文献
①内藤英治『ダンボールクラフト（動物編）』新光社，1986
②池水宗太郎『だんボールばこで遊ぶくふう』新光社，1990
③立花愛子・佐々木伸『楽しいダンボール工作』いかだ社，2011
④くまがいゆか『U-CANの製作・造形なんでも大百科』ユーキャン学び出版，2012

## 2 「描画材料」とふれあう表現

### 1 絵具の種類

幼児の造形においては，原色でも混色でも扱いやすい「ポスターカラー」が一般的である。絵具の種類としては，他にも，次のような種類があるが，幼児の絵画製作においては，年齢に沿った安全な環境設定と材料選びを心がけたい。

#### 1 油絵具

顔料に植物油を混ぜたもので，他の絵具と比較してツヤがあり，長時間ツヤが継続する。使用に関しては，乾燥を早めたり，色彩の透明感を出す目的に合わせて，画溶液（リンシード，ポピーオイルなど）を使う。片付けの際には，ブラッシュクリーナーで油絵具を落としてから，洗剤などでよく洗う。油絵を描く際には，特有の匂いがあるため，換気を充分にしなければならない。

製作については使用が難しいことから，幼児の造形ではあまり用いない。

#### 2 パステル

パステルは，顔料に油脂やロウを加えて棒状に固めたものである。混色はできないが，多くの色数がある。クレヨンと違い，粘着材を使っていないため，重ね塗りもできる。用紙は，ザラツキのある厚手のものが適しており，定着性がないため，完成後は定着液を吹きつけておく。

#### 3 日本画用絵具

天然の石から作られた岩絵具を顔料としている。現在では，人工顔料も多く，膠を混ぜて使う。

#### 4 版画用絵具

版画の多色刷りなどに用いる絵具で，普通の絵具より粘り気がある。水性，油性などの様々な種類がある。

#### 5 水彩絵具

##### ① 透明水彩絵具

水彩絵具には，透明水彩と不透明水彩があるが，どちらも顔料にアラビアゴムを混ぜて作られている。透明水彩は，名前の通り透明度が高く，下地や下塗りが透けて見える特徴をもつ。そのため，塗る時は，薄塗りを心がけたい。色彩を重ねすぎると下塗りの色彩が溶けて混ざるため，注意する必要がある。

##### ② 不透明水彩絵具

●ガッシュ

原則として圧塗りで塗り，下に塗った色彩を隠す力が大きく，深みのある特徴がある。薄塗りをするとムラになりやすいため，注意しなければならない。

●ポスターカラー

顔料に混ぜるアラビアゴムの割合が低く，他の水彩絵具に比べてムラになりにくい。また，混色が簡単にできることから扱いやすい絵具である。幼児の絵画の多くは，この絵具が用いられている。

#### 6 アクリル絵具

顔料にアクリル樹脂を混ぜた絵具である。油絵具のような持ち味があるとともに乾燥が早く，変色もしにくい。乾燥後は，耐水性となり，水をはじく状態の画面ができあがる。重ね塗りも可能でのびもよく，紙以外の木や布にも描くことができる。水性のため，水加

減によって水彩画のようにも描け，水を使わなければ，ガッシュやポスターカラーのような画面効果を出すこともできる。

次に，具体的な実践例をいくつか紹介する。実践のために用意する絵具の特徴を押さえながらも幼児の造形指導へつなげていくきっかけとしたい。

## 2　クレヨンやパス

**実践例 2**

「生き物への眼差し」
　　　　　　　　　　（2歳児〜5歳児）

### 【実践の概要】

幼児は生き物が大好きである。クレヨンやパスは，思いついたことを比較的手軽に表現することができる。2歳児であれば，具体的な事物を描くことができなくても画用紙に指導者が折り紙やシールを貼った周りをクレヨンやパスでお散歩しながら描画をしていくことによって，素材の面白さを感じることができる。3歳以上の幼児であれば，ちょっとした日常生活のエピソードや遠足などで見た生き物の印象を描いてみると，活き活きとした形が表現される。

### 【準備する材料】

クレヨンまたは，パス，画用紙

### 【留意点】

導入時において，テーマとなる出来事やエピソードを幼児に語りながら，描画しやすい環境設定と表現を引き出す工夫をしたい。

### 【表現の展開】

5歳児であれば，協同で大型の絵画を描くことが可能である。様々な描画のできる材料を組み合わせながら，クレヨンやパスによって，線や形を表現してみたい。

図112　散歩した公園の鯉
（2歳：女児）

## 3　水彩絵具

**実践例 1**

「野菜や植物を描く」
　　　　　　　　　　（2歳児〜5歳児）

### 【実践の概要】

日本の気候においては，春から秋にかけて草花が育ち，春になると花や野菜などの種を蒔き，成長を観察して楽しむ幼児の姿が見られる。種が芽を出し，花になったり，実になったりすることは，幼児にとって，植物の生命を慈しむ機会になるとともに，その感動を表現につなげることが期待される。

### 【準備する材料】

季節の中で育った野菜や植物，水彩絵具，筆，線を引くペンなどの描画材

## 【留意点】

　水彩絵具は，水の量の調節によって薄くなったり，濃くなったりすることから，様々な表現が可能である。まずは，水彩絵具を用いて，形にとらわれずに，点や線を描いたりする遊びから始め，徐々に絵具で描くという段階に入っていきたい。

## 【表現の展開】

　野菜や植物を描くという活動は「生命を描く」「生命にふれる」という実践であることを重視したい。そのため，実践の前段階でテーマに関連した絵本を用いたり，あるいは，普段，幼児が身近に育てている野菜や植物があれば，収穫までの観察と収穫した時の感謝を大切にしながら，水彩絵具を通して，「水彩で色彩をつける」という実践に終わらないように，描くまでの実践の物語性を深めて，計画や準備をしていきたい。

図114　ゴーヤを見て描く　　　　　（2歳：女児）

　水彩絵具を用いる前に，着彩するきっかけとなる線を描いてみる。次に，画用紙に描かれた線から幼児の色彩を豊かに引き出していく造形活動につなげる。

図113　ゴーヤを見て描く　　　　　（5歳：女児）

図115　あじさい　　　　　（3歳：女児）

　3歳児以上であれば，ハサミの練習をしながら，型を切ったりできる。色画用紙と水彩絵具を両方使いながら，季節感のある題材を色彩で表現してみたい。

## 4 小麦粉絵具

実践例 1

「フィンガーペイントで手触りを楽しむ」
（1歳児〜5歳児）

### 【実践の概要】

　小麦粉のさらさらした感触は，幼児にとって魅力的な手触りであるが，水を加えることによって材質を変化させて，ぐちゃぐちゃした状態の絵具を作ることができる。ここでは，すべて食品を用いて作った絵具による描画を行う。すなわち，舐めたりする危険性のある乳幼児にとっても扱いやすい絵具となる。

　描く時には，手や指で描くと跡が残り，立体的な表現にもなっていく。描く題材は，図116のような協同的な作品から，個人製作についても図117〜119のような合わせ絵にしたりするなどして，設定したい。

### 【準備する材料】

　小麦粉，食紅（赤，黄，緑，青），食塩，水，画用紙

### 【留意点】

　小麦粉絵具は，あまり水を加えすぎると，画面に定着しにくくなり，感触もぐちゃぐちゃになってしまうため，ある程度の固形さを残しながら，絵具を作っていきたい。低年齢の幼児の場合は，水を加える場面では，指導する側が調節していく必要がある。

　また，すべて食品とはいうものの，粉状の時に，小麦粉が舞ったり，口に入ったり，飛び散ったりすることから，幼児の行動を予測して，実践の材料を用意しながら進めていきたい。また，食品であるため，長期の展示には向かず，ある時間を経たら，処理をする必要がある。

### 【表現の展開】

　小麦粉絵具は手触りが独特であり，水加減を調整することによって，ある程度，盛り上げることが可能である。平面に描くという実践から，画面を盛り上げて，立体的に絵画を作っていく実践にも挑戦できる。

　また，夏のプール遊びや水遊びのある時期であれば，水着を着た状態で，身体を使った小麦粉絵具遊びがしやすく，その後も絵具を水で落としやすいことから，ダイナミックな描画活動を計画することができる。

図116　八つ切り画用紙を4枚つなげて，3人で描いた協同作品　　　　（学生）

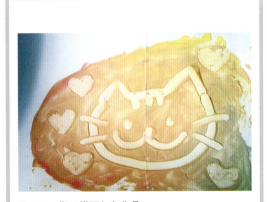

図117　指で描画した作品

（学生）

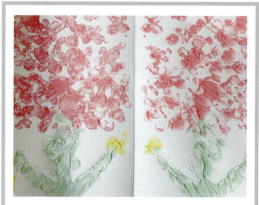

図118　片面に描いた絵画を貼り合わせた作品
（学生）

図119　片面に描いた絵画を貼り合わせた作品
（学生）

　図116～図119の各作品は，鮮やかな赤や黄色などが，パステル調で柔らかい色彩となっている。いずれも食紅で色彩した作品である。

## 5　墨

### 実践例 １

### 「墨絵を描く」　　　　　（3歳児～5歳児）

#### 【実践の概要】

　墨絵は中国から伝わり，日本において古来より用いられてきた造形材料である。墨の独特な黒い風合いは情感を表現に加えるとともに，奥深い画面になっていく素材感をもっている。白い紙の上に描いた墨の線は，空間の中に温かみや緊張感を与える表現につながる。

　日本においては，幼児が墨で描くという機会はなかなか見られない。それは近年，産業の発展によって，様々なペンの開発が進んだためでもあるが，その一方で，改めて日本に昔からある材料が再び注目されているという側面もある。ここでは，1つの事例として，「心に残った物語の一場面を描く」という実践を紹介する。

#### 【準備する材料】

　画用紙，筆，墨汁，紙コップなどの墨入れ，水の入ったバケツ，題材となる物語（昔話など）

#### 【留意点】

　物語を選ぶ場合，年齢や発達段階に沿ったものを選んでいきたい。また，日本各地にある昔話を選ぶ場合も方言や独特な言い回しが用いられることから，ある程度，指導する側で話を整理して用意し，語り方も工夫していかなければならない。

#### 【表現の展開】

　5歳児であれば，物語を何枚かに分けて，紙芝居や絵本を作ることも可能である。また，墨で描く作品は大作にも向いている。例えば，大型のダンボールにダイナミックに描くと行事の看板や飾りにもなり，大型の紙芝居や絵本を製作することもできる。

第3章　様々な素材との出会い　　77

## 6 絵具の応用的表現

**実践例 1**

「作品からのインスピレーション」
　　　　　　　　（4歳児〜5歳児）

【実践の概要】

　幼児の描画のきっかけは，日常生活の中の出来事や行事における人，物，動植物，乗り物など様々であり，モチーフが画面の中で比較的自由に構成され，年齢によっては，地面の判断や遠近感にとらわれず，画面の中に思いついたままのメッセージや感動が線やフォルム（線のかたまりで作られた形）となって表れてくる。

　幼児は，多くの時間を過ごす家庭や幼稚園・保育園などから視覚的なイメージを思い浮かべるが，近年，地域にある文化施設と連携した幼児の造形教育も活発となっている。

　例えば，美術館においては，展示してある作品の鑑賞を学芸員と対話型で鑑賞する取り組みやアーティストが行うワークショップなどが日本各地で開催され，幼児の年齢に応じて，絵画を描く楽しさや奥深さを感じる実践につながっている。

　ここでは，美術館の展覧会を幼児が訪問し，アーティストが製作した図124の絵画作品を鑑賞したことを通して，心に残った作品のイメージを膨らませ，そのインスピレーションを基に展示会場における模写ではなく，他の会場で水彩絵具を使って画用紙に描画，着彩するという実践を紹介する。図123は，その際のワークショップで5歳児が製作した絵画作品であり，図124の作品から受けた形やイメージを描き出そうとする幼児の描画の様子が感じられる。

図120　墨で日本の昔話の場面を描く
　　　　　　　　　　　　　　　（学生）

図121　墨で描いた日本の昔話
　　　　　　　　　　　　　　　（学生）

図122　墨絵の紙芝居実演
　　　　　　　　　　　　　　　（学生）

## 【準備する材料】

画用紙，水彩絵具，水を入れた描画用のバケツ

## 【留意点】

ワークショップに参加する場合は，美術館内に製作できる会場があるが，絵画作品を鑑賞した後日，作品の印象や美術館に入った感想などを幼児と語り合ってから，描画のできる環境で製作を進めてみたい。アーティストが絵画作品の中に込めた思いやキーワードを幼児がどのように受け止め，描くのかについて，幼児の感想とともに経過を見つめてみたい。

## 【表現の展開】

現在，幼児の生活環境には，多様な芸術表現にふれることのできる美術館が地域やその周辺に所在する。このことから，散策や遠足の中に，美術館に足を運ぶプログラムを組んだり，アーティストを招いて造形作品を製作するワークショップを行う幼稚園や保育園も見られる。幼児が芸術作品と出会い，感性を育むことのできる地域の美術館との交流や連携の機会を検討することから，幼児が芸術的な空間と作品にふれる経験を豊かにしていく可能性を探求できる。

図 123　作品を見ながら，水彩絵具で感じたことを描いた作品　　　（5 歳：女児）

図 124　作品を描いた幼児が参考にした作品(注①)

●注
①霜田文子・作『風の卵』F100 号，油彩・キャンバス。作者は，新潟県柏崎市に所在するギャラリーの企画・運営，文芸同人誌執筆活動の傍ら，アーティストとして洋画を中心とした絵画やボックスアート作品を製作している。図 115 の作品は，近年の製作モチーフである「卵」に込められた，壊れやすさや孤独さが表現されており，新潟県内の美術館で開催されたグループ展における出品作品の一つである。

## 実践例 2

「ワークショップ・海の中を描く」
（3歳児〜5歳児）

### 【実践の概要】

ワークショップという言葉は，もともとヨーロッパでは，「工房」を意味しているが，現在，アメリカを経て入ってきた日本においては，より活動的なイメージで用いられている場合が多い。ワークショップには，「ファシリテーター」と呼ばれる進行促進役がおり，その場を進行しつつ，参加者にその空間の中から何かを見つけ出してもらうことを目的とした声掛け等を行う役割をもつ。

ここでは，その手法を用いながら，水彩絵具で海の中を描くワークショップを紹介する。実践においては，夏の思い出を振り返ったり，海に関連した図鑑や絵本などを用いながら，幼児の創造性を広げていきたい。

### 【準備する材料】

画用紙または大洋紙（なるべく大型のサイズ），ガムテープ，水彩絵具，筆，クレヨン，スポンジタワシ，水の入った描画用バケツ

### 【留意点】

このワークショップの進め方は，描画材については，筆⇨スポンジタワシ⇨手の順で進めながら，各描画材の描画時間を十分取り，各自の目の前の画面に描画する方法とした。これらは，「筆による点と線」⇨「スポンジタワシによる面」⇨「手による自由な描画」という描画活動をイメージしている。また，ワークショップの最初の導入段階には「アイスブレーキング」と呼ばれる手法で「幼児の気持ちをほぐす」お話やゲームなどを入れると場の空気が柔らかくなる効果がある。

### 【表現の展開】

筆者がファシリテーターとして行った絵画製作の目的においては「自由な絵画表現による自己開放」，「独自性のある絵画表現」，「他者との共同製作の経験」の三つを大切にしながら進めた。ファシリテーターによる実践の進め方は直接指導する手法ではないが，「何をその実践の中から幼児に感じてほしいか」というコンセプトを根底に置きながら，比較的自由な内容で造形活動を計画してみたい。

図125　クレヨンによる共同製作
（3〜5歳児）

図126　共同の画面に絵具で着彩をしている様子
（3〜5歳児）

図127　手による絵具の着彩　　（3〜5歳児）

図128　共同製作によって完成した絵画作品　　（3〜5歳児）

● 注
図125〜128は，縦2m×横4mの大洋紙をつなげてガムテープで貼り，ビニールシートに置いた状況で描画している。なお，実践会場については，筆者がファシリテーターとなって，県営の公園内にある施設において実践を行った。

## 3　「粘土」とふれあう表現

### 1　小麦粉粘土

実践例　1

「乳幼児から楽しむ小麦粉粘土」
（1歳児〜5歳児）

【実践の概要】

　粘土遊びは，おおよそ3歳児以上であれば，舐めたり，口に入れたりして飲み込んだりする危険性は無くなるが，3歳児以下の場合，それらのことに配慮した素材の選択が必要となる。そこで，すべて食品を素材にした小麦粉粘土を作り，幼児の造形活動の中で色彩作りに安全に配慮しながら活用してみたい。また，水彩絵具を使う場合もあるが，今回の実践では，食品という範囲を決めていくことから食紅を使用する。

【準備する材料】

　小麦粉，食紅（赤，青，緑，黄色の各色を手に入れることができる），食塩，水，たらい（または，バケツ）

【留意点】

　食塩を用いるのは「防腐」という意味もあるが，すべて食品で製作していくため，梅雨時などの季節においては，乾燥後でも，カビが発生しやすく，注意が必要である。いずれにしても，長期の展示には向かないため，衛生的な面からも「活動内の素材への関わり」に重点を置き，造形活動を行っていきたい。

## 【表現の展開】

 2歳児では，何かの形を製作していくというよりは，図131に見られるように，素材のもつ柔らかく形をつけやすい，フニャフニャした感触を楽しむ傾向がある。5歳児になれば，数人の仲間とともに共同製作をしたり，図129，図130に見られるように，数色の小麦粉粘土を作り，色彩を組み合わせながら，製作することができる。

図131　2歳児による紙粘土の製作（この年齢の幼児は，製作というよりも素材に形をつけたりする遊びに積極的である）　　　（2歳：女児）

図129　粘土製作の様子
　　　　　　　　　　　　（5歳：女児）

図130　図129からお店屋さんごっこ遊びに展開した作品　　　　　（5歳：女児）

### 2　紙粘土

実践例 **1**

「自然素材を取入れた紙粘土のオブジェ」
　　　　　　　　　　　（2歳児〜5歳児）

## 【実践の概要】

　紙粘土は，製作してみると，とても柔らかい素材感があり，触れているだけで幼児にとっては楽しい造形材料である。まるめたり，棒状にしたり，くっつけたりしながら，年齢によって造形活動の内容を変化させていきたい。

　その一方で，乾燥した後に再度製作することは難しくなり，重さも出てくる。この状態では，例えば，絵具を塗ることには適応するが，形を変えようとしても割れたりしてしまうため，最初の段階で形を決めて製作を終え，乾燥させるという手順を踏む必要がある。色彩を塗ることも生乾きの段階において可能であり，紙粘土に練り込むこともできる。また，様々な素材との相性も良く，自然素材などと組み合わせた製作をすることが可能である。

【準備する材料】
　クレヨンまたはパス，画用紙

【留意点】
　自然素材を紙粘土にくっつける場合，図132の例では，鳥のくちばしの部分にある小さく丸い木の実を紙粘土の乾燥後に鳥を立てて置こうとすると，外れてしまうことが考えられる。そこで，乾燥前にくちばしの中の部分に素材の枝を巻き込んで乾燥とともに，くっつけてしまうか，素材によっては，乾燥後に木工用ボンドで定着させるかの方法をとる必要がある。

【表現の展開】
　図138にあるように紙粘土で製作した作品を食べ物などにして，お店屋さんごっこを楽しむことができる。その際，導入の段階で，イメージA・Bのような描画をしながら，具体的な形を考えることも大切にしたい。ここで指導者と幼児とのコミュニケーションから実践に関わるイメージを深め，発展性のある造形活動を進めることができる。

図132　イメージA　　　　　　　　　（学生）

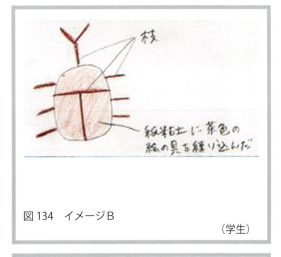

図134　イメージB　　　　　　　　　（学生）

図133　イメージAを基に製作した作品　（学生）

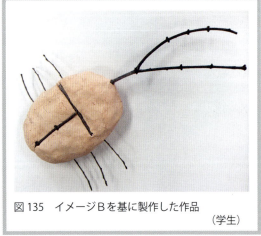

図135　イメージBを基に製作した作品　（学生）

第3章 様々な素材との出会い　83

## ❸ 油粘土

### 実践例 ❶

### 「油粘土で形を作る」
（3歳児〜5歳児）

【実践の概要】

　油粘土は，油脂がベースのため乾燥しにくく，繰り返し作り直すことができる特徴をもつ。そのため，幼児にとっては，比較的扱いやすい材料である。年齢が低ければ，具体的な形にとらわれず，丸めたり，それを重ねたり，くっつけたりする活動でも充分に楽しむことができる。5歳児であれば，何かの形を指定して作る実践を行うことができる。

　この際，大きな塊（かたまり）にした粘土から，小さく形をつまんだり，音のイメージなどを取入れたりしながら実践を検討することができる。

【準備する材料】

　油粘土，粘土板，粘土べら，切り糸

【留意点】

　油粘土は，幼児期を経て，小学生になっても造形活動の中で出会う機会が多い材料である。粘土の特徴をおさえながらも，一人の造形活動，複数の造形活動を考えて，実践に進めていきたい。

　なお，油粘土は，主に粘土ケースに入れて保存するか，湿らせたタオルで巻いて，ビニール袋に入れて保管する。また，大型の作品を製作する際には，木材や針金などで粘土製作の前に芯棒を作り，固定する。

【表現の展開】

　粘土は，古代から人類にとって生活の中に

図136　海の中の世界（紙粘土と自然素材）
（学生）

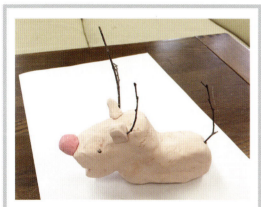

図137　トナカイ（紙粘土と自然素材）
（学生）

図138　パスタ（紙粘土と自然素材）
（学生）

取入れられてきた材料でもある。産業の技術的な進歩によって，今日，良質の油粘土を手軽に手に入れることができる。幼児にとっては，粘土に触るということがイメージを豊かにする経験にもつながっていく。原始的に粘土を積み上げたりする活動から，丸くした形を並べて何かを表す活動まで，幅広く実践計画を考えていきたい。

図139　5歳児による作品（食器など，具体的な形を製作できる）　　　　　（5歳：女児）

図141　3歳児による作品（視覚的にいびつであるが，本人なりにイメージがある中で製作できる）（3歳：女児）

図140　5歳児による作品（食器など，具体的な形を製作できる）　　　　　（5歳：女児）

図142　3歳児による作品（視覚的にいびつであるが，本人なりにイメージがある中で製作できる）（3歳：女児）

## 4 「自然」とふれあう表現

### ❶ 日本の四季の中の造形思考

日本の四季の移り変わりは、人間に様々な感動を与え、芸術作品や文学作品としても表現されてきた。幼児にとって、散歩の途中に出会う草花や木々、石には、驚きや発見があり、思わず、触ってみたり、何かを作っていこうとする行為に発展していく。

このことは、粘土と同じように人間が古代から関わってきた素材でもあり、幼児の造形活動は、原始的な面が自然環境への視点と結び付くとも考えられる。自然の中から作り出された形は、規則正しい形ではないが、そのことが逆に幼児にとっては興味深い造形材料になっていく可能性がある。

その一方で、現代社会は、自然災害や異常気象、あるいは温暖化という自然の驚異も多く見られる。幼児の造形活動においては、自然環境のもつ美しさと危険性の両方を見据えながら、実践の計画を練っていく必要がある。

### ❷ 四季の草や花

実践例 ❶

「草や花に装飾する」
　　　　　　　　　　（3歳児〜5歳児）

【実践の概要】

キャンプや自然体験、あるいは、公園や園庭において、春から秋にかけて、様々な草花が姿を見せる。特に、春から夏には、植物が芽吹き、力強い生命観を感じることができる。この体験は、幼児の感性を豊かにする「気づき」があり、そのことに触れながらも造形活動を楽しむことを大切にしたい。具体的な造形活動としては、面白い形だと思った草花を摘み、その形を活かして、ビーズやひも、油性ペンで装飾して、飾りや装飾作品（オブジェ的なイメージ）を製作していく活動を行う（図143〜145）。

【準備する材料】

草や花、油性ペン、折り紙、セロハンテープ、木工用ボンド、装飾用材料（カラービーズ、ゴムひも、糸など）

【留意点】

自然の中にある雑草には手に触れると、肌がかぶれたりする種類の雑草もあるため、造形活動に適した自然素材の選択を指導者側が配慮していきたい。

【表現の展開】

草花を装飾していく中で、ある幼児は食器などを作り、ごっこ遊びをはじめようとする。5歳児であれば、お店屋さんごっこや行事とも結びつけた実践に展開することもできる。

図143　草花に装飾をする幼児

（5歳：女児）

図144　草花に装飾をする幼児　　　（5歳：男児）

図145　草花に装飾をする幼児　　　（5歳：男児）

### 3　木　材

実践例　1

「木材で積み木を作る」
　　　　　　　　　　（3歳児〜5歳児）

【実践の概要】
　ある程度加工処理した市販の木材を用意し，オリジナルの積み木を製作する。その際，四角い形，円い形など形や長さは自由に設定する。

【準備する材料】
　木材，ペン（絵具も使用できる），木工用ボンド，ビニールシート

【留意点】
　木材特有のささくれ，とんがっている部分がないことを確認し，幼児が怪我をしないように材料の事前チェックを行いたい。また，室内の場合，床を傷つけないようにビニールシートを敷いて，実践を進めていきたい。

【表現の展開】
　加工した材料の実践は，室内において衛生的な面でも進めやすいが，野外で行う場合，野外の木の枝を切った際に発生した木材を使用して，加工していない木材を用いた積み木製作をすることができる。この造形活動は，室内で行う積み木作りと同じ技法で行うが，指導する側は，加工していない木材に比べ，幼児が怪我をしないかどうかや衛生上の配慮もしつつ，造形活動を計画していきたい。

図146　木材を用いた造形活動　　（3〜5歳児）

第3章　様々な素材との出会い　87

図147　木材に描く
（5歳：女児と保護者）

図149　木材の組み合わせをイメージする
（5歳：男児）

図148　木材を積む
（5歳：男児）

図150　木材を用いた造形活動
（3〜5歳児）

## 4　落ち葉

**実践例 ①**

「落ち葉で表現する」
（2歳児〜5歳児）

### 【実践の概要】

　落ち葉は，春から夏には緑色の色彩があり，春に顔を出したつくしやタンポポなどと組み合わせた形を製作することができる。秋には，茶色になった葉に木の枝やドングリ，松ぼっくりなどを加えながら，木工用ボンドで素材同士をくっつけて製作することができる。

　例えば，木の枝や松ぼっくりにはアクリル絵具で色を塗ることもできるため，自然素材をカラフルな色彩と併用しながら楽しむことができる。

　その他にも，シュロなどのひもを固定して，自然素材をつり下げるモビール的な作品を楽しむこともできる。この製作は行事の展示にも用いることができる。

### 【準備する材料】

　季節の自然素材である木の葉っぱや落ち葉，木工用ボンド，アクリル絵具（使っても使わなくてもよい）

【留意点】

　自然素材であるがゆえの素材の質について，幼児が扱ってよい材料かどうかを事前にチェックしてから実践を進めていきたい。

【表現の展開】

　自然素材を用いるにあたっては，その種類や周辺にいる昆虫などを図鑑で学びながら，実践の事前段階から，造形活動の意味合いを深めていきたい。

　部屋の壁面に，実践に関連する絵画や写真などを貼って，季節の色彩や生命観を幼児の心に投げかけていく環境設定を工夫することができる。

図151　5歳児（女児）による落ち葉の表現（船をイメージした製作で，葉っぱ・つくし・石を用いている）

図152　2歳児（女児）による落ち葉の表現（船をイメージした製作で，葉っぱ・つくし・石を用いている）

## 5　土や砂

**実践例 1**

「土や砂のごっこ遊び」
（2歳児～5歳児）

【実践の概要】

　幼稚園，保育園，公園など，幼児が遊ぶ場には多くの場合，砂場があり，男児の場合，トンネルや山を作ったり，女児の場合は，ケーキなどを作り，ごっこ遊びをする光景が見られる。その際，バケツの水を流して見立てたりしながら，遊ぶ様子がある。

　土や砂は形を作ったり，崩したりすることが簡単にできるため，製作して形を作りやすい材料である。

【準備する材料】

　土，砂，その場で用いて遊ぶことのできる小型スコップやバケツ，ふるいなど

【留意点】

　土や砂は，幼児にとっては大変魅力ある素材であるものの，どうしても汚れを気にしなくてはならない素材でもある。そのため，活動後の手洗いや衣服についた土や砂は，適切に洗い流したりすることが必要となる。

【表現の展開】

　土や砂の遊びは，外で行う場合がほとんどであるため，気候のいい季節には活発に実践される遊びである。様々な形をグループや個人で作ってみたい。その際，木の枝や木の葉なども組み合わせて活動を行うと，面白い作品を見立てて作ることができる。

第3章 様々な素材との出会い　89

## 6 光

実践例 1

「光と影のデッサン」

（4歳児〜5歳児）

### 【実践の概要】

　1日の光の流れは，様々な影の形を映し出す。影の形を画用紙に照らし，その形を鉛筆やペンの線で引いてみると自然の光の中にある形を感じ取ることができる。完成した形を見つめ，その形からインスピレーション（見ていて何か思いついた物や色彩などのイメージ）を思い浮かべながら，水彩絵具で色を塗ってみる。

　この実践は，イタリアのレッジョ・エミリア市において実践された1つの手法であるが，例えば，建物の近くと木々の周りでは影の形が違ってくる。また，時間帯や季節によっても光の強さや影の移ろいが変化するため，そのような影の形に着目しながら，実践してみたい。

### 【準備する材料】

　画用紙，鉛筆，ペン，水彩絵具，筆，バケツ，水

### 【留意点】

　野外で行う場合，光の強い季節などは，画用紙の白地から目に反射する光が強いため，野外での実践は行わないように注意したい。この場合は逆に，室内でも光と影を探して，作品を製作することが可能である。指導する側は，野外か室内かの判断を検討してから目的や指導計画を練っていきたい。

図153　地面の土や砂で遊ぶ幼児
（2歳：女児）

図154　地面の土や砂で遊ぶ幼児
（2歳：女児）

図155　地面の土や砂に線を引く幼児
（2歳：女児）

【表現の展開】

　完成した作品を展示して，幼児同士で鑑賞しつつ，感想を言い合ってみたり，製作しながら気づいたことや完成した作品の形から感じたことを発表しながら，季節の中に見つけた影の形を楽しんでみたい。

図156　影の形にペンで線を引く
(保育者)

図159　影の形のイメージを色彩で表現する
(保育者)

図157　影の形にペンで線を引き，その形に色を塗る
(保育者)

図160　色彩を残す部分と塗る部分のバランスを考えている様子
(保育者)

図158　新聞紙のパレットでイメージした色彩を塗る
(保育者)

図161　実践を通して完成した作品
(保育者)

## 7 風

### 実践例 ①

### 「フリスビー」
（3歳児〜5歳児）

#### 【実践の概要】
　風を切って遊ぶフリスビーは，アメリカ発祥のスポーツであるが，身近な素材を用いて幼児が簡単に製作して楽しむことができる。様々な紙皿や紙コップを使って，切り目を入れたり，その場所を折り曲げたりしながら，オリジナルのフリスビーを製作し，シールやペンなどで装飾して，遊んでみたい。

#### 【準備する材料】
　紙皿，紙コップ，ペン，折り紙，シール，カラービニールテープ

#### 【留意点】
　装飾をしすぎると，フリスビーを投げても回転しにくかったり，距離が出なくなってしまうため，適度で軽量な装飾をしておきたい。

#### 【表現の展開】
　フリスビーを一人あるいはお互いに投げ合うだけではなく，点数を書いて穴を空けておいたダンボールのボックスに投げて，点数を競うレクリエーションを行うこともできる。

図162　紙コップフリスビーの製作
（学生）

図163　紙皿フリスビーの製作（ギザギザの形）
（学生と5歳：女児）

## 8 水

### 実践例 1

### 「リサイクル素材による船」
（4歳児〜5歳児）

#### 【実践の概要】

夏になるとプール遊びが始まり，水に関わる活動が多くなる。また，夏休みになれば，海や川において，自然の中にある水の遊びや魚や虫との出会いがある。そこで，水の活動の中で，自分が製作した船を浮かべて遊ぶ活動を楽しんでみたい。

#### 【準備する材料】

材料はリサイクル素材である牛乳パック，食品トレー，透明カップなどが使える。

#### 【留意点】

水を使った活動であるため，水を吸収しないことと，水の重みで沈まないようにすることを考えながら製作を進めていきたい。

#### 【表現の展開】

水に浮かぶ船は，一人で製作して楽しむ他に，比較的大きな作品まで作ることができる。プールの活動では，船を使ったレースをしたり，グループで製作した船で，季節感のある活動を行ってみたい。

図164　牛乳パックの船　　　　　（学生）

図166　食品トレーの船　　　　　（学生）

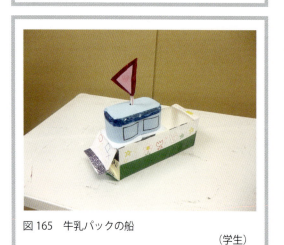

図165　牛乳パックの船　　　　　（学生）

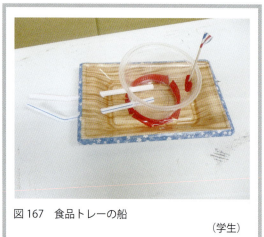

図167　食品トレーの船　　　　　（学生）

## 9　自然環境の中で

**実践例** 1

「絹に絵を描く」

（3歳児～5歳児）

### 【実践の概要】

　幼児の住んでいる町の周辺には，郷土特有の造形素材や伝統的な技法がある。伝統の中にある美は，幼児の感性を育てていくための重要な歴史的背景をもっている。

　筆者の勤務する短期大学は，群馬県に所在する。群馬県には，特産物が多数あるが，絹は伝統的な素料である。そこで，絹の特色や美しさを感じ，郷土の材料を見つめ直す造形活動を計画し，実践してみたい。最終的には，地域の風景の中に光を用いて絵画を幻想的に映し出していくランプシェードへと発展させていくことにしたい。

### 【準備する材料】

　絹（他県であれば，他の造形材料を検討することが可能である），アクリル絵具，ペン，ゼリーの空き容器や食品のフタなど，描くことのできる材料，紙コップ，ランプシェードのセット

### 【留意点】

　まずは，線を引き，色彩を塗るという手順で進めていきたい。この際，ゼリーの空き容器などでスタンプして型をつけることも可能である（図168）。その線の枠の中に色彩を塗る（図169）活動に設定すると，幼児にとって製作が進めやすくなる。

　また，導入段階では，地域の特産を見つめ直す説明を取入れて，幼児のイメージを膨ませたい。その上で，作品を効果的に展示する方法や演出を検討したい。

### 【表現の展開】

　絹の絵画を光で映し，夜の川に照らすという現代アートの手法をこの実践では用いたが，物語性のある七夕に関連させた行事の中の造形作品としても展開することができる。他の材料の場合には，別の行事の中での取入れ方を工夫してみたい。

図168　絹に空き容器の型で線をつける

（3歳：女児）

図169　線の中に絵具で着彩する

（3歳：男児）

図170　完成した絹の作品をランプシェードにし，桜の季節に地域の川を照らした風景

図171　完成した絹の作品をランプシェードにし，桜の季節に地域の川を照らした風景

図172　完成した絹の作品をランプシェードにし，桜の季節に地域の川を照らした風景

## 5　「音や言葉」とふれあう表現

### 1　身体と造形表現

　造形活動における身体を用いた表現は，今日，多様な可能性をもっている。ビニールやダンボール，光沢紙，新聞や広告を使って，「なりきる」活動を楽しみながら，そこで着ることの可能な衣装を用いて，造形活動の質を深めることができる。「動物，花，虫，海の生き物，食べ物，キャラクター」などのテーマ設定とともに小物も製作しながら，発表会でも活用してみたい。

　図173は，5歳児が体の部分や構造を絵画で表し，ハサミで切って，つなげて，理解していくことのできる，なりきる活動の導入段階で製作した作品である。この実践においては，衣装を作る際，自分の体の部分や全体を意識しながら，活動を進めることができた。身体を用いる造形活動には，

```
も　の……どの材料を使うか？
こ　と……どのような題材を選ぶか？
ひ　と……どのようなメンバーで作り，
　　　　　誰に向けて発表を行うか？
ばしょ……どのような場所で行うか？
```

といった内容を重視しながら，活動を進めていきたい。

図173　紙を組み合わせた造形作品　（5歳：女児）

## ❷ 仮装やなりきりによる表現

実践例 ①

「民話を仮装する」
（3歳児〜5歳児）

### 【実践の概要】

例えば，絵本やおままごとの世界の登場人物に自分でなりきったり，他者のなりきった姿を目の当たりにした時，人間の感性にとって，豊かな創造力を養うことができる。題材設定は，特に年齢が低い1〜3歳程度の幼児であれば，必ずしも物語性がなくてもよい。題材事例としては，季節の花や虫，食べ物など自由に設定することができる。

今回は実践として，群馬県高崎市に方言で伝わる民話「十二支の由来」を取り上げてみた。神様のおふれ書きの看板を見た動物達が大晦日に集まり，その順位が現在の十二支（ネズミ，ウシ，トラ……）になったという高崎市の方言で書かれているお話である。製作については，まず，図174〜175のようなイラスト描き，イメージをまとめた上で，カラービニールなどで衣装を作っていくことにした。

### 【準備する材料】

カラービニール（青，緑，黄，黒，ピンク，オレンジ，白など），鉛筆，油性ペン，画用紙，綿，セロハンテープ，ビニールテープ，ガムテープ，両面テープ，木工ボンド，ハサミ，カッター，穴開けパンチ

### 【留意点】

準備材料は年齢によって調整し，お面の製作も加えるなどして，紙とビニール素材を組み合わせながら，テープで固定していきたい。また，事前のアイデアやイメージを画用紙に描くことを最初の段階で行うことによって，製作がスムーズになっていく。

### 【表現の展開】

本実践は，民話「十二支の由来」をテーマに設定し，仮装を製作して身にまとい，物語の中に入り込んで理解することを目的とした。地域の民話の実践には，太鼓の効果音などを取入れながら情景や雰囲気を出す工夫をした。実践を進める際には，発表方法や発表する場所も工夫しながら「なりきる」活動を楽しみたい。

図174　衣装製作の事前段階のアイデアスケッチ（ウシ）
（学生）

図175　衣装製作の事前段階のアイデアスケッチ（ヘビ）
（学生）

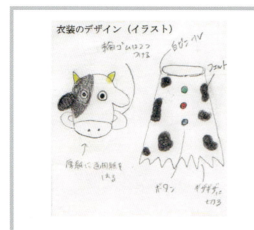

図176　衣装製作の事前段階のアイデアスケッチ（ウシ）
（学生）

図177　カラービニール衣装の製作（ウシ）
（学生）

図178　カラービニール衣装の製作（ネズミ）
（学生）

図179　カラービニール衣装の製作（トリ）
（学生）

図180　カラービニール衣装の製作（トリ）
（学生）

●参考文献
①ミウラアキコ・本永京子『0〜3歳児なりきりコスチュームBOOK』いかだ社，2007
②マーブルプランニング『すぐに作れる！かんたん！かわいい！発表会のコスチューム124』ナツメ社，2012

## 3 音と造形表現

**実践例** 1

**「音を描く」**

（3歳児～5歳児）

### 【実践の概要】

造形活動にとって，音のイメージは密接な関わりがある。「たたく，弾く，振る」などの音を絵画で描き，個人製作や共同製作を行ってみたい。音の関わりについては「生活の中で様々な音，色，形，手触り，動きなどに気づいたり，感じたりして楽しむ」（幼稚園教育要領），「生活の中で様々な音，色，形，手触り，動き，味，香りなどに気づいたり，感じたりして楽しむ」（保育所保育指針）という内容が示されている。

記述の中にある「生活の中で様々な音」とあるが，はたしてどのような音であろうか。改めて耳をすましてみると身の周りには音の鳴る物や環境に囲まれていることに気づく。そこで，幼児の身近な音を発見しながら，音を描く活動を行う。特に本実践では，線描を中心に進めていくことにする。

### 【準備する材料】

画用紙，ペン，クレヨン，水彩絵具（色彩をつける場合）

### 【留意点】

音を描くことは，案外難しい表現である。図181～183は，「海の波の音，夏の風や虫の音，動物園の動物の鳴き声」をテーマに，まずは，製作者に声に出して表現してもらったり，効果音や音楽をかけたりしながら製作した作品である。ここでは，まず，個人で製作をし，最後に全員の作品を集めて組み合わせることによって，メッセージ性が強くなっていくことを確認できる。幼児の場合も，音をどのように伝えるかを工夫しながら，食器や自然物の音などを幅広く取り入れつつ，実践を進めていきたい。

### 【表現の展開】

音は，必ずしもCDやイメージを声に出すのみではなく，散歩した園庭で落ち葉を踏んだり，虫の声を聞いたりすることによっても，日常の中の造形活動として充分成立する。「形，色，音，言葉」を組み合わせながら，季節の中にある日常の音を表現し，感動を込めて，描いてみたい。

図181　海のイメージ

（学生）

図182　ひまわりのイメージ

（学生）

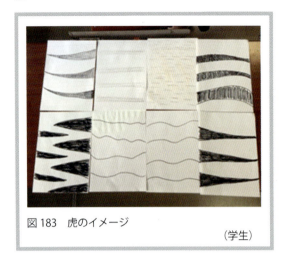

図183 虎のイメージ　　　　　　　　　（学生）

## ❹　言葉と造形表現

**実践例 ①**

「手作り絵本」

（4歳児〜5歳児）

### 【実践の概要】

　絵本は，多くの画家が自身の絵画表現の追求の傍らで，幼児の目線に立ちながら，柔らかい描画や彩色を施し，水彩や油絵の原画を描いて製作されている。実践においては，落書きやコラージュ，墨絵などの技法を学びつつ，オリジナルの絵本作りに向けて，イメージを広げていきたい。

　最初は，簡単なお題で例えば，○や△から想像する絵画を描きながら，徐々にストーリー，詩，言葉に沿った絵画の製作を進めていく。この経験から，製作者は，自分のイメージに合う描画材や色彩を検討する。なお，本実践は，必ずしも幼児が製作することにとどまらず，幼児に関わる指導者の造形活動としても検討してもらいたい。

### 【準備する材料】

　画用紙，ペン，クレヨン，水彩絵具，折り紙，のり，ハサミ，糸など，製作の際の必要に応じて材料の準備をする。

### 【留意点】

　0，1歳の乳幼児が絵本を見て微笑んでいる光景を見かけることが多くある。絵本は，単に言葉を読むだけではなく，「視覚的に見て読む」という特徴がある。

　現在，日本においても国内外の絵本作家の絵本が出版され，保育や家庭教育の中で多く用いられている。その中で，絵本を作るという造形活動は，「製作者からの視点も考えること」のできる重要な学びになるため，この点を大切にしながら，数ページの短い絵本から挑戦してみたい。

### 【表現の展開】

　絵本作りの実践を計画，実施し，完成した絵本を手にしながら，製作者に達成感を味わってもらいたい。また，何よりも絵本作品の中には，製作者が一つ一つ試行錯誤して，下書きを重ねてきた形が美しい色合いとともに響き合っている作品が多く見られる。例えば，わらべうたやクイズなどもテーマにしながら，幼児の感性をあたたかく育むコミュニケーションのきっかけとなることを検討し，製作を進めていきたい。

第 3 章　様々な素材との出会い

図 184　手作り絵本作品　　　　　　　　（学生）

図 187　手作り絵本作品　　　　　　　　（学生）

図 185　手作り絵本の製作　　　　　　　（学生）

図 188　手作り絵本作品　　　　　　　　（学生）

図 186　手作り絵本作品　　　　　　　　（学生）

図 189　手作り絵本作品　　　　　　　　（学生）

図190　手作り絵本作品

図191　手作り絵本作品

図192　手作り絵本作品

● 参考文献
① 植草一世『保育内容の研究造形活動と遊び 手作り絵本と人形遊び』大揚社，2003
② 五味太郎『らくがき絵本』ブロンズ新社，1990

## 5　お話や物語による造形表現

### 実践例 1
### 「コラージュ紙芝居」
（3歳児〜5歳児）

【実践の概要】

　紙芝居は通常，「描く」というイメージが強いが，ここでは，「コラージュ」を用いた紙芝居製作を行う。この技法は，画用紙の上に折り紙などを貼付けることによって，描画と違った表現から，ユニークな形の作品を製作することができる。なお，題材設定は，グリム童話，イソップ物語，日本の民話，地域の民話など，幼児の年齢に沿って設定していきたい。

【準備する材料】

　画用紙，色画用紙，折り紙，クレヨン，水性ペン，のり，ハサミ

【留意点】

　ハサミを使い出したばかりの幼児の場合は，折り紙をちぎったり，シールを使うなどする造形活動を工夫していきたい。

【表現の展開】

　製作においては，ビニールテープやすずらんテープを併用して使うこともできる。画用紙だけではなく，材料を多く貼りたい場合には，ダンボールでもよい。また，八つ切りのサイズから，大型のサイズまで製作に挑戦してみたい。大型の場合は，下絵を鉛筆で描いておき，複数人数のグループで共同製作を行うこともできる。

第3章 様々な素材との出会い　　101

図193　手作り紙芝居の実演　　（学生）

図196　手作り紙芝居作品　　（学生）

図194　手作り紙芝居の製作　　（学生）

図197　手作り紙芝居の製作　　（学生）

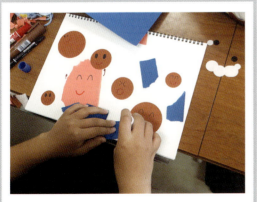

図195　手作り紙芝居の製作　　（学生）

図198　手作り紙芝居の実演　　（学生）

## 実践例 2

### 「立ち絵紙芝居で遊ぼう」
（2歳児～5歳児）

### 【実践の概要】

「立ち絵」紙芝居は，現在の紙芝居の演じ方の前に行われていた型である。固い紙や木の裏表両面に，人物や物の絵を描き，その下地の大きさに沿って紙を切り，不必要な部分を黒く塗りつぶした造形作品である。立ち絵作品は割り箸や竹ひごなどに貼って，指に1つずつはさみながら操作する劇風の紙の芝居であり，その独特な演出に魅力がある。

この手法は，現在，保育活動の中で多く用いられてるペープサートのようなものである。また，明治時代の舞台は，90cm～120cmであり，図199のような仕組み（注①）で演じられていたと伝えられている。

造形活動においては，実際に立ち絵紙芝居を作ることによって，お話や物語を造形表現につなげながら，比較的年齢の低い幼児には，手でもつ部分を新聞紙などの紙で丸める形で安全な素材選びを配慮して製作してみたい。

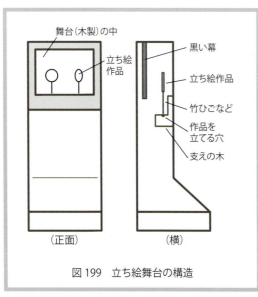

図199 立ち絵舞台の構造

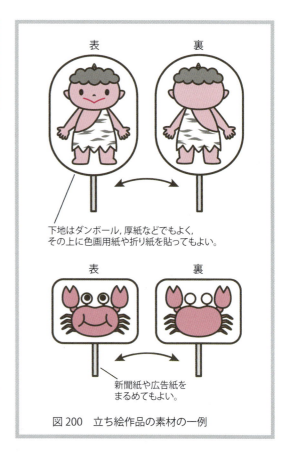

図200 立ち絵作品の素材の一例

### 【準備する材料】

新聞紙または広告紙やコピー用紙（手でもつ部分に使用），画用紙・ペン，クレヨン・水彩絵具（年齢によって選択する），のり，ハサミ，舞台（実演会場の状況によって設定する）

### 【留意点】

図202，図203の舞台は，明治時代に使われていた立ち絵の舞台である。幼児の造形表現において，舞台作りは，空きダンボールで作って楽しむことも十分可能なため，4, 5歳児では，形式にとらわれず，立ち絵を発表できることを条件にしたオリジナルの舞台（図199を参考にしながら，とにかく，自立して立ち，舞台に作品を出す部分が空洞であればよい）を作ってみたい。

幼児が集団で舞台作りや飾り付けを楽しむことも通して、立ち絵紙芝居の製作を発表まで取り組む過程を大切にしていきたい。

【表現の展開】

立ち絵作品を用いて、いわゆる「いないいないばー」のように２つの面で楽しむことも可能である。例えば、２歳児以上であれば、必ずしも具体的な絵画（人や動物）でなくとも、点や線を描いて、色彩をつけたりして、２つの面を作り、指導する側が即興の言葉遊びによるお話や簡単な物語を歌にしながら、作品の表と裏をひっくりかえしながら演出することもできる。

また、立ち絵に登場させる紙の作品も様々な素材の中から大きさも含めて柔軟に検討することができる。

図202　立ち絵の舞台と作品

（絵本作家）

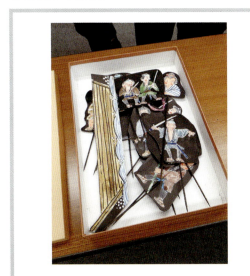

図201　立ち絵作品

（絵本作家）

図203　立ち絵の舞台と作品

（学生）

図204　立ち絵作品

（学生）

●注
① 「民話と紙芝居の家」のホームページにおいて，（http://www.sarugakyo.net/kamishibai/kodomobunka/kodomo5.html）
かつて日本で行われていた「立ち絵」の舞台図や実演の写真などが掲載されている。その中で，立ち絵のはじまりは，明治20年頃，落語家の円朝の弟子の新さんという人が絵が上手かったので，自分の得意としていた「西遊記」や「忠臣蔵」を描かせて，駄菓子屋で1枚1銭で売らせ，当時の幼児が，その絵をくりぬいて竹の串に貼り付けて楽しそうに遊んでいることにヒントを得て，新さんと興行師の丸山善太郎という人物が考え出したエピソードが紹介されている。

### 演習5

第3章の実践例で紹介した中で，自分で興味のある造形を選択し，実際に作品を製作してみよう。

# 第4章 地域環境の場と幼児の造形表現の関わり

　前章では，様々な素材を取り上げながら，幼児の造形活動についての具体的な実践を紹介してきた。ここでは，造形活動を実際に行っていく際の空間となる場や現代社会の中で地域と連携して，幼児の造形活動を進めることができる可能性を考えていきたい。

## 1　地域施設との連携

### 1　地域の中の大人と幼児

　これまで見てきたように，幼児の造形は，遊びからの発展性も多く，生活体験や生活環境との関係も密接である。一方，大人側が遊びをイメージする場合，余暇としてのストレス解消の方法や意義が多く含まれている。しかしながら，幼児の場合，遊びは生活の大半であり，言葉・音・モノ・造形などの様々なことを遊びにしていく特徴がある。

　このように双方の遊びの行為は異なるものの，筆者はこれまで，多数の親子活動企画の運営に携わる中で，大人も幼児も遊びを通して「心や体を開放したい」という思いは一緒ではないかと感じてきた。

　複雑に諸問題が絡み合う現代社会において，21世紀は「感性」の時代ともいわれるが，世界の幼児の造形教育において，先端に位置づけられるイタリアのレッジョ・エミリア市では，「実践」「市の行政的システム」「様々な立場の教育者の関わり」などから，在住する大人も協力したダイナミックな幼児の造形教育を実現している。その実践は，地域の中で大人と幼児が連携した造形活動を行う際に大変参考になる教育実践が確立している。

　レッジョ・エミリア市の実践は，第1章でも少し触れたが，地域連携という面から，ここで，もう少し押さえておきたい。レッジョ・エミリア市は，北イタリアにある人口16万人の小都市である。第二次世界大戦後の財政難の中，幼児の親は，幼児のために革新的な理想の学校を作ろうと力をあわせて戦車やトラックの鉄くずなどを売却し，手作りで幼稚園を建設した。

　この伝統は今でも残っており，財政や保育カリキュラムに両親が参加する形を継承している。レッジョ・エミリア市の教育の特色は，デザイナーや芸術家（アトリエリスタ）と教育専門家（ペタゴジスタ）が，二人の教師と協同で保育活動をしていることである。さらには，次の3つの教育の特性を含んでいる。

> ① 「幼児は100人いれば100人の個性があり，100の可能性がある」私達のひとりひとり違う能力は尊重され，共に生きるという考えのもと独自の理論と実践で子育てを行う。
> ② 親や教師，地域の大人が協力し，幼児の知的・創造性の発達を促し，見守っている。
> ③ 幼児教育施設は，自然素材やリサイクルの企業廃材など，様々な素材にあふれ，幼児達の豊かな心を自由に表現し，育むことが可能な環境が整えられている。

①〜③を後押しする形で，市のリサイクルセンターには楽しい素材が多数あり，地域活動として，市の清掃局や企業とタイアップし，廃材や規格外製品をリサイクルセンターに譲り受け，幼児の表現活動の素材として幼児施設に提供され，倉庫内には，多様な素材が保管されている。

また，年に1回，町をあげてのイベントが行われる。その年のテーマに添って，様々な素材で作られた幼児達の作品が町中にあふれて歓迎される。靴屋さんや帽子屋さんのショーウインドー，公園や道路，道行く住民に賞賛され，幼少期から市民の一人として尊重される特徴がある。なお，レッジョ・エミリア市の造形教育のコンセプトは，次の3つのDが重視されている。

> ● デザイン [Design]
>  （幼児の造形活動に関するカリキュラムをデザインする）
> ● ドキュメント [Document]
>  （造形活動の課題を行った幼児の様子を記録する）
> ● ディスカッション [Discussion]
>  （記録とともに親，地域，教師によって語り合う）

3つのDを通した街ぐるみの幼児の造形教育は市の12％の支出を学資金にしていることからも，幼児の感性を高めようとする姿勢が強く感じられる。

日本は，豊かな自然環境が幼児の生活環境の周辺に多くあり，機会があれば，多数のレッジョ・エミリア市を参考にした教育実践が可能な地域である。

一方で，レッジョ・エミリア市のスケールと実態は，まだまだ計り知れない深さがあり，歴史的な背景も日本と異なる。そのため，指導する側がレッジョ・エミリア市と同じ造形活動を実践したり，異文化体験の場を設けたとしても町並みや風景，実践者の感性がうまく溶け込まず，効果が目に見えて出ない可能性もある。

そこで，レッジョ・エミリア市の事例は，幼児と造形表現の学びや育ちの考え方の一つとして，今後の造形活動のヒントにしてもらえればと考えている。

また，レッジョ・エミリア市だけではなく，他のヨーロッパ諸国やアメリカ，あるいは，日本国内の地域の中の造形教育を参考にしながら，広い視点で幼児の造形活動を展開していきたい。

> ● 参考文献
> ①佐藤学・森眞理・塚田美紀『子どもたちの100の言葉―レッジョ・エミリアの幼児教育―』世織書房，2001
> ②レッジョ・エミリア市乳児保育所と幼児学校『イタリア／レッジョ・エミリア市の幼児教育実践記録 子どもたちの100の言葉』学習研究社，2001
> ③佐藤学，ワタリウム美術館編『驚くべき学びの世界 レッジョ・エミリアの幼児教育』2011
> ④J.ヘンドリック，ワタリウム美術館編『レッジョ・エミリア保育実践入門―保育者はいま，何を求められているか―』2011
> ⑤佐藤朝美『レッジョ・エミリア幼児教育の紹介』東京大学情報学環，2011

## ❷ 地域施設や団体と連携した造形活動

地域施設といっても図書館，文化施設など様々な場が地域の中に存在する。幼児が「豊かな感性や表現する力を養い，創造性を豊かにする」（幼稚園教育要領，保育所保育指針における「表現」の部位より）の内容を通して，どのような連携を進めていくことができるだろうか。

ここでは，具体的な事例として，筆者がこれまで，地域施設と連携した形で行ってきた造形活動を紹介しながら，造形教育に関する現代の動向や可能性を考えていきたい。

なお，紹介する事例は，いずれも行政（筆者の場合は，勤務地である群馬県や高崎市）の採択事業（申請の上，審査されて採用された企画）や委託事業（依頼されて実施した企画）でもあり，地域で連携を行う際の方法や実施形態として，参考になれば幸いである。

### 実践例 ❶
### 劇団と連携した造形活動（地域の文化発掘）

【実践の連携】

筆者，学生（子育て支援サークルJのメンバー）（注①），影絵劇団「かかし座」

【実践の概要】

「群馬県デスティネーションキャンペーン」（2011）において，群馬県は「文化資産発掘・活用事業」を立ち上げ，地域に眠る文化の発掘を推進した。そこで，群馬県高崎市の文化を客観視しながら，地域に眠る「高崎の民話」に着目し，幼児と保護者が楽しみながら民話に触れたり，学んだりする造形ワークショップを行うことを検討した。

さらに，日本における影絵の第一人者であり，優れた影絵の公演を数多く行っている影絵劇団と連携した実践の場をデザインした。この連携を基盤に，文化資産として「高崎の民話」を発掘し，影絵の表現を用いた実践経過から地域の伝承効果についての考察を行った。

群馬県では，2011年4月から9月まで「群馬県デスティネーションキャンペーン」（注②）が行われ，その一環として，群馬県は「文化資産発掘・活用事業」（注③）を推進していた。筆者の勤務地である群馬県高崎市の観光や文化は，県内各地の温泉や特産品である食べ物などはすぐに思い浮かぶが，民話はあまり知られていない文化資産ではないかと推測した。

そこで，文化資産として「高崎の民話」を発掘し，幼児とその保護者が楽しみながら民話に触れたり，学んだりする機会を計画できないかと考えた。その際，民話を語るのではなく，影絵の手法を用いた視覚的な表現を実践することとした。

### ❶ フィールドワーク

前述のような背景をもちながら，地域の文化資産「高崎の民話」を発掘し，活用した造形ワークショップのプログラムを構築するため，「高崎の民話」と影絵の手法について学ぶ事前段階において，次のような2つのフィールドワークを行った。

● フィールドワーク❶（高崎の民話の調査）

筆者の勤務する短期大学の学生の中には高崎市に在住している者も多くいるが，誰一人「高崎の民話」を知らない状態であった。そこで，高崎市に伝承されている民話についての文献（注④）を調査した。

具体的には，身近な○○橋にはこのような

伝説があり，その昔○○という人が渡っていた，などという多くの言い伝えに関心を示しながら参考資料を読み進めていった。その結果，高崎市には「風がすえた」「ムジナの清さん」「佐野の舟橋」「縛られ地蔵」「河岸観音」「ムジナにたたられた和尚」（注⑤）など多数の民話が伝承されており，民話に関連した建造物なども現存していることが分かった。

　その中から，今回のワークショップでは，民話「風がすえた」を選んだ。理由としては，民話の登場人物が幼児にとって親しみやすいことと，話の内容が比較的幼児にも理解しやすく，影絵にした時に，非常に面白い表現になるのではないかと考えられたからである。民話の概略としては「暑い夏の日に涼しい風の入った袋をひろげると，おならが入っていた」という笑い話である。

● フィールドワーク❷（影絵の手法を学ぶ）

　影絵における日本の先駆的団体「劇団かかし座」（注⑥）は，優れた影絵の公演を数多く行っている。日本の昔話，イソップ物語，あるいはオリジナルの物語が美しい舞台表現として演出され，手影絵，影絵人形，身体を用いた影絵なども高度な技術によって展開されており，美しい舞台衣装や舞台美術も見ごたえのある内容となっている。

　そこで，影絵のフィールドワークでは，「劇団かかし座」に協力を依頼することに設定し，実際にスタジオで舞台のリハーサルや影絵の技術の説明や体験をする機会をもつことができた。

② 実際のプログラム

　プログラムは，❶導入⇒❷影絵による高崎の民話の語り（鑑賞）⇒❸民話に登場した道具の影絵作品を製作（造形）⇒❹参加者の製作した影絵作品の発表（表現）という内容で構成し，以下のような進行をすることにした。

■開催日時：2011年9月25日（日）
　午前10時～12時
■参加対象：群馬県内の親子
　（定員：親子20組）
■開催会場：育英短期大学リズム室

❶　導入（30分）

　まず，劇団かかし座の特別講師（1名）が影絵の説明と手影絵パフォーマンス（かかし座オリジナルの地球をテーマにした手影絵による動物の表現）を実演し，参加者達は席に集まって鑑賞した。

　ここでは，サークルJの学生も参加し，フィールドワークで学んだ技術を活かし，講師とともに民話や昔話を想起させる影絵として，急須でお茶を入れる影絵を演じた。この場面では，参加者も自分の手を動かしながら，手影絵の手の動きを真似している光景が見られた。

❷　影絵による高崎の民話の語り（15分）

　サークルJの学生によって民話「風がすえた」を影絵を用いて語り，参加者は鑑賞をして，民話の理解を深めた。学生は，フィールドワークで得た知識と技術を基に演出を考え，劇団かかし座の講師からアドバイスを受けながら練習を積み，当日の発表を迎えた。

　練習を通して，民話の登場人物について，人の動きで作った影で演じ，民話の中に出てくる「涼風袋」を影絵人形で演じる方法が効果的だと考え，影絵の実演の中に取り入れることにした。

❸　民話に登場した「涼風袋」の影絵作品を製作（60分）

　影絵作品を作る場面においては，参加者を

対象に，工作用紙やセロファンを使って，民話「風がすえた」の中に登場する「涼風袋」の影絵作品を製作した。具体的には，事前にサークルJの学生が工作用紙で製作し，用意しておいた涼風袋の穴に，カラーセロファンで色彩を入れていくという造形活動である。

ここでは，民話に登場する涼風袋からイメージを広げ，袋の中に何を入れるかをイメージしながら，そのイメージに合う色のカラーセロファンを貼って作品を完成させた。

❹ 参加者が製作した影絵作品の発表（30分）

影絵作品「涼風袋」を製作した後，参加者は，スクリーンの後方に回り，実際にその影を映して発表した。サークルJの学生が「○○くん，○○ちゃんは何を作ったのかな」などと質問をし，対話型の作品発表になるように内容を設定した。

❺ 参加者の製作した影絵作品の発表

今回の実践では，参加者全員が自分自身で影絵を映すという体験をできたことにおいて，大変有効な点を見出すことができた。また，自分の製作した影絵作品を自分で映して体験することで，より興味や関心が高まったと考えられる。

例えば，多色のセロファンの色を変えただけでも，赤いセロファンを貼った幼児は「りんご」や「いちご」，青いセロファンを貼った幼児は「ブドウ」，黄色いセロファンを貼った幼児は「バナナ」というように，ほとんどが果物を入れていたことは興味深い所であり，中には，民話に出てきた内容と同じように「おなら」を入れたという発想の幼児や「夢」を入れたという作品もあった。

幼児にとって，色彩から受けるイメージは大変興味深く，影絵の表現にすることから，

より一層イメージや空想が広がったことが予測できる。

図205　サークルJの学生による影絵の語り
（学生）

図206　参加者による影絵作品の発表
（5歳：男児と学生）

### ❸ 参加者のアンケート結果とサークルJの学生の感想

造形ワークショップ終了後に行った保護者のアンケート結果を抜粋してみると次のような感想が見られた。

● 「高崎の民話と言っても正直一つも思いつかず，今日はどのような民話を紹介してもらうことができるのか楽しみにしてきました。民話の紹介の中で，高崎には20話以上の民話があることを知って驚きました。今日の民話は内容が幼児にも分かりやすくて楽しかったです」

- 「今日の民話は語りではなく，学生さんが演出した影絵の手法で行われていたことによって，幼児にもイメージが伝わりやすく，興味深い表現になっていたと感じました」

- 「高崎の民話は今まで分かりませんでしたが，今日のイベントに参加してみて，私も一緒に民話を勉強してみようと思いました」

- 「学生さん達が行った民話の読み聞かせによる影絵は，幼児にも保護者にとっても理解しやすく，とてもよかったです。また違うお話でも企画してほしいと思いました」

このようなアンケート結果からは，これまで高崎市内や近隣に住んでいても知る機会の少なかった民話の魅力について参加者が再発見したことが感じられる。

また，サークルJの学生からは，

- 「私自身は初めて影絵の技術を体験しましたが，独特の映像表現で美しく魅力的だと最初に感じました。民話を語るだけではなく，美しい影絵の表現として幼児へ見せたことの中に，幼児の心に深く印象や感動を残したと思いました」

- 「影絵は難しいと感じていましたが，今回学んでみて，自分自身も親子活動で実践できるように設定していくことが可能だと思いました。身近な民話を影絵の表現にして，幼児が鑑賞できる実践を考えてみたいです」

- 「かかし座の講師の方の発表に感動しました。美しく不思議な影絵の世界をオープニングで見ることができ，参加者だけでなく，お手伝いした私自身もとても勉強になりました」

などの感想が見られた。学生や参加者の感想にも見られるように，これまで紹介してきた影絵の実践は，保育者養成校の学生にとって，保育技術を高めるための体験学習の機会にも発展し，今後の保育技術につながる学びを多く得たと考えられる。

それと同時に参加者にとっては，自分の住んでいる地域の民話を再発見する機会にもなり，地域を見つめ直すきっかけ作りにもつながる成果を見出すことができた。

●注
① 育英短期大学保育学科を中心としたメンバーで構成され，子育て支援を中心に研究するサークルとして1995年に設立された。2004年より，筆者が顧問を務め，群馬県内の子育て支援事業など，多数の実践を展開している。
② デスティネーションキャンペーンとは，北海道旅客鉄道・東日本旅客鉄道・東海旅客鉄道・西日本旅客鉄道・四国旅客鉄道・九州旅客鉄道のJRグループ旅客6社と指定された自治体，地元の観光事業者等が協働で実施する大型観光キャンペーンのこと。デスティネーション＝Destination（目的・行き先）とキャンペーン＝Campaign（宣伝戦）の合成語。「DS」「デスキャン」と略される例が見られる。群馬県デスティネーションキャンペーンのテーマは「心にググッとぐんま・わくわく・体験・新発見」。様々な群馬の魅力を体験し，新たな発見をしてもらいたいという思いが込められている。
③ 市町村と連携して，群馬県デスティネーションキャンペーン期間を中心に行われる，地域の特色ある文化活動を支援する事業。
④⑤ 例えば，小沢清子，『高崎のむかしばなし』高崎市長公室広報広聴課編，1995にて多数の民話が紹介されている。
⑥ 日本初の影絵専門劇団として，後藤泰隆（とうたいりゅう）によって，1952年に創立された日本初の影絵専門劇団。NHK実験放送で『くもの糸』を上演，以後独特の手法で日本に現代影絵の世界を拓いている。

●参考文献
① 後藤圭『手で遊ぶおもしろ影絵ブック』PHP研究所，2005
② 後藤圭・花輪充『子どもに人気！「手ぐみ」あそび』PHP研究所，2011
③ 後藤圭『影絵』文渓堂，2011

## 実践例 2
### 地域の文化施設や機関をつなぐ造形活動

【実践の連携】

筆者，学生（子育て支援サークルJのメンバー），NPO法人高崎子ども劇場，諸橋精光と新潟ひょうしぎの会，群馬県吉岡町図書館，劇団「風の子」，紙芝居かんかん倶楽部（群馬県の紙芝居サークル）

【実践の概要】

2011年に群馬県吉岡町の主催により，伝承民話『鬼の又三郎』を紙芝居にするという企画があり，その際に，筆者が絵付けを担当することとなった。筆者は，吉岡町在住の民話作家や吉岡町図書館関係者と民話に登場する町内の史跡などを訪ね歩く中で，民話と紙芝居が幼児の造形教育にとって，道徳性を潜む重要な児童文化財であることを感じた。

また，「時代が変化しても昔からある町の伝統を受け継いでいきたい」という町の強い思いに共感したことと群馬県の推進する「子育て支援ネットワーク形成事業」（注①）の推進の時期が重なったことが本実践を展開するきっかけとなった。

具体的には「見る」「演じる」「作る」の3つの造形的な要素から，それぞれのテーマに沿った3回の活動を実施した。

### 1 実践のプログラム

具体的な実施内容は次のようであり，全体的なサポートは，筆者，サークルJの学生，吉岡町図書館，紙芝居かんかん倶楽部（紙芝居サークル）によって，各回の運営を進めた。

❶ 「見る」：諸橋精光と新潟ひょうしぎの会
■日時：2012年10月14日（日）午前11時〜12時30分
■対象：群馬県内外の親子を中心とした当日参加者　300人
■会場：育英短期大学体育館
■経過：お寺の住職を本職としながらも紙芝居の絵画を描く紙芝居作家でもある「諸橋精光」と「語り」を担当している「新潟ひょうしぎの会」による超大型紙芝居（90cm×120cm）の実演を行った。
「鬼のつば」「ごんぎつね」「モチモチの木」の3つの演目を上演し，迫力ある「語り」と画面に，ギターやホラ貝，お寺にある太鼓や鐘を使って，音響効果の演出も重なり，鑑賞者を圧倒する表現内容が繰り広げられた。

図207　超大型紙芝居の実演の様子

図208　迫力ある語りと超大型紙芝居

図 209　迫力ある語り

図 211　紙袋を用いた紙芝居

❷　「演じる」：劇団「風の子」
- ■日時：2012 年 10 月 20 日（土）
　　　　午前 10 時〜 12 時
- ■対象：群馬県内外の親子を中心とした
　　　　当日参加者　28 人
- ■会場：育英短期大学体育館
- ■経過：「演じる」という観点から「劇団風の子」（注②）による身体表現の活動を行った。具体的には，①楽器を使ったなぞなぞ遊び，②劇遊びについて紙芝居を取り入れながら語る，③身体を使ってグループごとに演じる遊び，④探偵ごっこ遊び，という構成で「紙芝居」の「芝居」に着目した実践内容を行った。

図 212　身体を使って演じる表現

❸　「作る」：筆者，サークル J
- ■日時：2012 年 10 月 27 日（土）
　　　　午前 10 時〜 12 時
- ■対象：群馬県内外の親子を中心とした
　　　　当日参加者　21 人
- ■会場：育英短期大学リズム室
- ■経過：群馬県吉岡町伝承民話『鬼の又三郎』の紙芝居の実演をサークル J の学生が行い，その後，民話を 4 つの場面に分け，参加者協同で大型紙芝居の製作を行った。ここでは，幼児向けに大型のパネルを支持体として，色画用紙や毛糸などを使用した混合技法による立体的な紙芝居を製作した。

図 210　なぞなぞ遊びの場面

第4章　地域環境の場と幼児の造形表現の関わり　113

図213　大型紙芝居の製作
　　　　　　　　　　　（4歳：男児）

図214　完成した作品と参加者

図215　作品鑑賞の場面

これまで紹介してきた3つの紙芝居をテーマとした実践は，群馬県の新しい子育て支援の動向として，スタートした事業でもあるが，紙芝居をキーワードとして多角的な連携をすることができた。実践内容からも明らかなように，子育て支援を柱とした各施設や団体との連携の可能性が期待できるとともに，多様なテーマにチャレンジして，ネットワークを構築することが可能である。

連携による実践を計画する際には，どのような進め方で，どのような成果を求めていくのかを検討しながら，造形活動への発展性を根底にして進めていきたい。

●注
①平成24年度に「地域の子育て力の向上につながる地域のネットワーク形成」を目指して群馬県がスタートした事業。平成24年度の第1回採択事業として，本実践が選ばれている。
②保育園，幼稚園，小学校など，全国の幼児や小学生を対象とした公演活動を行っている児童演劇専門の劇団。

## 2　美術館との連携

### ❶　幼児の鑑賞活動

#### ❶　幼児の鑑賞方法

　幼児が絵画鑑賞を行った場合，直接的な印象を語る特徴がある。「赤い」「大きい」「○○に見える」など，ある意味では，とてもわかりやすい感想を述べるため，指導者側とのコミュニケーションも円滑に進みやすい傾向がある。

　例えば，大人側が一見して，理解しにくい現代アート作品についても，幼児は案外シンプルな解釈をしていく場合がある。幼児の鑑賞活動においては，必ずしも完成した作品ばかりではなく，製作中の友達の作品や製作する材料の変化を見ていくことも大切にしてい

きたい。

しかしながら、具体的には、どのような方法で幼児の鑑賞活動を進めていけばよいのであろうか。いくつかの美術作品の鑑賞方法を紹介してみたい。

### ❶ アート・ゲーム

アート・ゲームは、アメリカの美術館から始まって、現在、日本の美術教育でも取り入れられている、トランプやカルタのように美術作品を楽しむ方法である。ゲームによって「似たものみつけ（マッチングゲーム）」、トランプで遊ぶ時に見られる「神経衰弱」「7並べ」「カルタ」「お話づくり」「おすすめの作品」などがある。カードは、画集などからコピーをして、自作でも作成することが可能である。

### ❷ 対話型鑑賞

かつて、美術館の鑑賞では、専門的な知識のある講師によって、作品解説を行うことが一般的であった。しかし、幼児にとっては、作品の説明の読解は困難な場合が多く、飽きてしまうことが考えられる。そのため、幼児にとっては「気づいたこと」「発見したこと」を対話形式にして、ディスカッションする取り組みを進めてみたい。

### ❸ 鑑賞から表現につなげる

作品を模写して、作者の思いを知るという実践は、前章でも紹介したが、幼児にとって模写することは、鑑賞的な行為でもあり、模写をしながら作品を分析したり、作者の技法などに接することができる。

## ❷ 美術館と鑑賞活動

今日、美術館は幼児向けの様々なプログラムが用意されており、幼児にとって入りにくさを感じさせない工夫がされている場合が多い。

また、美術館の学芸員が、幼児教育施設を訪れ、美術の話をしたり、ワークショップを行う取り組みも多く見られる。あるいは、幼児が美術館に散歩や遠足の際に訪れて気軽に立ち寄ったり、展示をしているアーティストと交流をする他にも、美術館と連携してアートゲームを行うことも可能である。

美術館における鑑賞は、難しい解説ではなく、幼児が楽しむことのできる「しかけ」が年間のプログラムの中に組み込まれているため、地域の美術館と連携した楽しい鑑賞活動を検討してみたい。

図216　美術館における木材のスタンプを使った自画像製作のワークショップ（5歳：男児）

図217　美術館における折り紙を使ったアクセサリー作りのワークショップ（4歳：女児）

## 3 活動プログラムにおける造形表現

地域の中で幼児が参加する活動プログラムは，四季を通して，様々な機会がある。七夕，クリスマスの他に，夏まつりも活動プログラムの一つである。図218，図219は，牛乳パック，お菓子の空き箱，食品の空き箱，ティッシュボックスをガムテープやセロテープでつなげ，ペンで描画したり，飾りをつけたりした作品である。この他にも材料をアレンジして，大型のおみこしを製作することができる。

図220，図221は，紙皿に折り紙やペンで装飾した紙皿のクリスマスリースである。クリスマスの季節に壁面に装飾したり，クリスマスツリーに飾ったりしながら，活動プログラムを彩る作品にしてみたい。

この他にも，活動プログラムに関連した多様な作品を個人やグループで製作することから，活動プログラムの中の造形活動を展開させていきたい。

図218　リサイクル工作（おみこし）
（4歳：女児）

図219　リサイクル工作（おみこし）
（4歳：女児）

図220　紙皿のクリスマスリース
（学生）

図221　紙皿を用いたクリスマスリースの製作
（4歳：男児）

## 4　情報化社会における造形表現

現在，幼児教育においてもパソコンなどの情報機器が多く活用されている。パソコンのソフトを用いながら，デジタルカメラで撮影した写真をスライドショーとして，作成することができる。

幼児の造形においては，Power Pointを使ったデジタル紙芝居やデジタル絵本の製作が可能である。長時間の映像鑑賞は，幼児の脳の発達に及ぼす問題が指摘されているが，発達段階に悪影響のない適切な活用をすることによって，有効な造形活動の鑑賞を行うことができる。

## 5　グローバル化する社会と造形表現

今日，幼児の造形活動は，世界の中でも多様な展開がなされている。例えば，いくつか紹介すると，アメリカでは，ライスやパスタなどの乾燥食品や木材を棒状に加工した自然素材の他にも専門の造形教材が多数開発されている（図222）。

また，モンゴルのウランバートル市では，情報機器の活用が積極的である他にも図225のような幼児の造形教育に関する国の方針を示したテキストやポピュラーな塗り絵なども行われ，新しい文化と古来からの伝統文化が融合した美術教育が展開されている。一方，美術において深い歴史のあるフランスでは，パリ市において，幼稚園の他にも街の中で「ワークショップ」（工房）が複数ある。ここでは，幼児が自由に考えた心象風景を週に数回の時間の中で描くという経験を繰り返しながら，幼児の創造力を高める造形活動を行っている。具体的なプログラムとしては，品質の良い道具の用意をした上で，「教える教育」ではなく「考えて見つけ出す教育」を重視しており，日本におけるワークショップの実践教育的概念と重なる部分も多い。その一つの例として，コルクボードに貼られた画用紙を通しながら，自分の心を見つめて，絵画表現に発展させていくアトリエの空間を大切にしている（図228～231）。

世界のグローバル化による美術教育の中で，日本の幼児の造形活動をどのように育んでいくかを検討し，日本の美術教育の歴史の上に立ちながらも，現代的な感覚を大切にした指導を心がけるとともに幼児の感性を温かく見守っていくことを大切にしたい。

図222　アメリカの幼児造形の教材（紙のカラー紐を通して製作する）

図223　様々な年齢の幼児の絵画（アメリカ）

第 4 章　地域環境の場と幼児の造形表現の関わり　　117

図 224　自然物と人工物を組み合わせた幼児の壁面作品（アメリカ）　　　　　（4 歳）

図 227　切り絵の教材（モンゴル）

図 225　モンゴルの幼児教育施設で活用されている美術教育のテキスト

図 228　ワークショップにおける絵画製作の様子（フランス）　　　　　（5 歳：男児）

図 226　塗り絵作品（モンゴル）　　　　　　　　　　　　　　（5 歳：男児）

図 229　ワークショップで製作された絵画（フランス）　　　　　（5 歳：男児）

図230　ワークショップにおいて使用されるアクリル絵具と筆のあるパレット（フランス）

図231　ワークショップで製作した幼児の絵画
　　　（フランス）　　　　　（5歳：男児）

▎　演習6　◢

　地域をつなぐ身近な文化施設や文化的なグループと行うことのできる造形活動やワークショップの計画案を考えてまとめてみよう。その際，「目的，対象，会場，実践内容，日時，連携先」に分けて記述するとまとめやすいので，これまで紹介した事例を参考にしてほしい。

# 幼稚園教育要領

(平成20年3月　文部科学省告示第26号)
最終改正：平成29年3月31日　文部科学省告示第62号

目　次
前文
第1章　総則
　第1　幼稚園教育の基本
　第2　幼稚園教育において育みたい資質・能力及び「幼児期の終わりまでに育ってほしい姿」
　第3　教育課程の役割と編成等
　第4　指導計画の作成と幼児理解に基づいた評価
　第5　特別な配慮を必要とする幼児への指導
　第6　幼稚園運営上の留意事項
　第7　教育課程に係る教育時間終了後等に行う教育活動など
第2章　ねらい及び内容
　健康　人間関係　環境　言葉　表現
第3章　教育課程に係る教育時間の終了後等に行う教育活動などの留意事項

　教育は，教育基本法第1条に定めるとおり，人格の完成を目指し，平和で民主的な国家及び社会の形成者として必要な資質を備えた心身ともに健康な国民の育成を期すという目的のもと，同法第2条に掲げる次の目標を達成するよう行われなければならない。
1　幅広い知識と教養を身に付け，真理を求める態度を養い，豊かな情操と道徳心を培うとともに，健やかな身体を養うこと。
2　個人の価値を尊重して，その能力を伸ばし，創造性を培い，自主及び自律の精神を養うとともに，職業及び生活との関連を重視し，勤労を重んずる態度を養うこと。
3　正義と責任，男女の平等，自他の敬愛と協力を重んずるとともに，公共の精神に基づき，主体的に社会の形成に参画し，その発展に寄与する態度を養うこと。
4　生命を尊び，自然を大切にし，環境の保全に寄与する態度を養うこと。
5　伝統と文化を尊重し，それらをはぐくんできた我が国と郷土を愛するとともに，他国を尊重し，国際社会の平和と発展に寄与する態度を養うこと。

　また，幼児期の教育については，同法第11条に掲げるとおり，生涯にわたる人格形成の基礎を培う重要なものであることにかんがみ，国及び地方公共団体は，幼児の健やかな成長に資する良好な環境の整備その他適当な方法によって，その振興に努めなければならないこととされている。
　これからの幼稚園には，学校教育の始まりとして，こうした教育の目的及び目標の達成を目指しつつ，一人一人の幼児が，将来，自分のよさや可能性を認識するとともに，あらゆる他者を価値のある存在として尊重し，多様な人々と協働しながら様々な社会的変化を乗り越え，豊かな人生を切り拓き，持続可能な社会のつくり手となることができるようにするための基礎を培うことが求められる。このために必要な教育の在り方を具体化するのが，各幼稚園において教育の内容等を組織的かつ計画的に組み立てた教育課程である。
　教育課程を通して，これからの時代に求められる教育を実現していくためには，よりよい学校教育を通してよりよい社会を創るという理念を学校と社会とが共有し，それぞれの幼稚園において，幼児期にふさわしい生活をどのように展開し，どのような資質・能力を育むようにするのかを教育課程において明確にしながら，社会との連携及び協働によりその実現を図っていくという，社会に開かれた教育課程の実現が重要となる。
　幼稚園教育要領とは，こうした理念の実現に向けて必要となる教育課程の基準を大綱的に定めるものである。幼稚園教育要領が果たす役割の一つは，公の性質を有する幼稚園における教育水準を全国的に確保することである。また，各幼稚園がその特色を生かして創意工夫を重ね，長年にわたり積み重ねられてきた教育実践や学術研究の蓄積を生かしながら，幼児や地域の現状や課題を捉え，家庭や地域社会と協力して，幼稚園教育要領を踏まえた教育活動の更なる充実を図っていくことも重要である。
　幼児の自発的な活動としての遊びを生み出すために必要な環境を整え，一人一人の資質・能力を育んでいくことは，教職員をはじめとする幼稚園関係者はもとより，家庭や地域の人々も含め，様々な立場から幼児や幼稚園に関わる全ての大人に期待される役割である。家庭との緊密な連携の下，小学校以降の教育や生涯にわたる学習とのつながりを見通しながら，幼児の自発的な活動としての遊びを通しての総合的な指導をする際に広く活用されるものとなることを期待して，ここに幼稚園教育要領を定める。

## 第1章　総則

### 第1　幼稚園教育の基本

　幼児期の教育は，生涯にわたる人格形成の基礎を培う重要なものであり，幼稚園教育は，学校教育法に規定する目的及び目標を達成するため，幼児期の特性を踏まえ，環境を通して行うものであることを基本とする。
　このため教師は，幼児との信頼関係を十分に築き，幼児が身近な環境に主体的に関わり，環境との関わり方や意味に気付き，これらを取り込もうとして，試行錯誤したり，考えたりするようになる幼児期の教育における見方・考え方を生かし，幼児と共によりよい教育環境を創造するよう

に努めるものとする。これらを踏まえ，次に示す事項を重視して教育を行わなければならない。
1　幼児は安定した情緒の下で自己を十分に発揮することにより発達に必要な体験を得ていくものであることを考慮して，幼児の主体的な活動を促し，幼児期にふさわしい生活が展開されるようにすること。
2　幼児の自発的な活動としての遊びは，心身の調和のとれた発達の基礎を培う重要な学習であることを考慮して，遊びを通しての指導を中心として第2章に示すねらいが総合的に達成されるようにすること。
3　幼児の発達は，心身の諸側面が相互に関連し合い，多様な経過をたどって成し遂げられていくものであること，また，幼児の生活経験がそれぞれ異なることなどを考慮して，幼児一人一人の特性に応じ，発達の課題に即した指導を行うようにすること。
　その際，教師は，幼児の主体的な活動が確保されるよう幼児一人一人の行動の理解と予想に基づき，計画的に環境を構成しなければならない。この場合において，教師は，幼児と人やものとの関わりが重要であることを踏まえ，教材を工夫し，物的・空間的環境を構成しなければならない。また，幼児一人一人の活動の場面に応じて，様々な役割を果たし，その活動を豊かにしなければならない。

第2　幼稚園教育において育みたい資質・能力及び「幼児期の終わりまでに育ってほしい姿」
1　幼稚園においては，生きる力の基礎を育むため，この章の第1に示す幼稚園教育の基本を踏まえ，次に掲げる資質・能力を一体的に育むよう努めるものとする。
　(1)豊かな体験を通じて，感じたり，気付いたり，分かったり，できるようになったりする「知識及び技能の基礎」
　(2)気付いたことや，できるようになったことなどを使い，考えたり，試したり，工夫したり，表現したりする「思考力，判断力，表現力等の基礎」
　(3)心情，意欲，態度が育つ中で，よりよい生活を営もうとする「学びに向かう力，人間性等」
2　1に示す資質・能力は，第2章に示すねらい及び内容に基づく活動全体によって育むものである。
3　次に示す「幼児期の終わりまでに育ってほしい姿」は，第2章に示すねらい及び内容に基づく活動全体を通して資質・能力が育まれている幼児の幼稚園修了時の具体的な姿であり，教師が指導を行う際に考慮するものである。
　(1)健康な心と体
　　幼稚園生活の中で，充実感をもって自分のやりたいことに向かって心と体を十分に働かせ，見通しをもって行動し，自ら健康で安全な生活をつくり出すようになる。
　(2)自立心
　　身近な環境に主体的に関わり様々な活動を楽しむ中で，しなければならないことを自覚し，自分の力で行うために考えたり，工夫したりしながら，諦めずにやり遂げることで達成感を味わい，自信をもって行動するようになる。
　(3)協同性
　　友達と関わる中で，互いの思いや考えなどを共有し，共通の目的の実現に向けて，考えたり，工夫したり，協力したりし，充実感をもってやり遂げるようになる。
　(4)道徳性・規範意識の芽生え
　　友達と様々な体験を重ねる中で，してよいことや悪いことが分かり，自分の行動を振り返ったり，友達の気持ちに共感したりし，相手の立場に立って行動するようになる。また，きまりを守る必要性が分かり，自分の気持ちを調整し，友達と折り合いを付けながら，きまりをつくったり，守ったりするようになる。
　(5)社会生活との関わり
　　家族を大切にしようとする気持ちをもつとともに，地域の身近な人と触れ合う中で，人との様々な関わり方に気付き，相手の気持ちを考えて関わり，自分が役に立つ喜びを感じ，地域に親しみをもつようになる。また，幼稚園内外の様々な環境に関わる中で，遊びや生活に必要な情報を取り入れ，情報に基づき判断したり，情報を伝え合ったり，活用したりするなど，情報を役立てながら活動するようになるとともに，公共の施設を大切に利用するなどして，社会とのつながりなどを意識するようになる。
　(6)思考力の芽生え
　　身近な事象に積極的に関わる中で，物の性質や仕組みなどを感じ取ったり，気付いたりし，考えたり，予想したり，工夫したりするなど，多様な関わりを楽しむようになる。また，友達の様々な考えに触れる中で，自分と異なる考えがあることに気付き，自ら判断したり，考え直したりするなど，新しい考えを生み出す喜びを味わいながら，自分の考えをよりよいものにするようになる。
　(7)自然との関わり・生命尊重
　　自然に触れて感動する体験を通して，自然の変化などを感じ取り，好奇心や探究心をもって考え言葉などで表現しながら，身近な事象への関心が高まるとともに，自然への愛情や畏敬の念をもつようになる。また，身近な動植物に心を動かされる中で，生命の不思議さや尊さに気付き，身近な動植物への接し方を考え，命あるものとしていたわり，大切にする気持ちをもって関わるようになる。
　(8)数量や図形，標識や文字などへの関心・感覚
　　遊びや生活の中で，数量や図形，標識や文字などに親しむ体験を重ねたり，標識や文字の役割に気付いたりし，自らの必要感に基づきこれらを活用し，興味や関心，感覚をもつようになる。
　(9)言葉による伝え合い
　　先生や友達と心を通わせる中で，絵本や物語などに親

しみながら，豊かな言葉や表現を身に付け，経験したことや考えたことなどを言葉で伝えたり，相手の話を注意して聞いたりし，言葉による伝え合いを楽しむようになる。
(10)豊かな感性と表現
　心を動かす出来事などに触れ感性を働かせる中で，様々な素材の特徴や表現の仕方などに気付き，感じたことや考えたことを自分で表現したり，友達同士で表現する過程を楽しんだりし，表現する喜びを味わい，意欲をもつようになる。

第3　教育課程の役割と編成等
1　教育課程の役割
　各幼稚園においては，教育基本法及び学校教育法その他の法令並びにこの幼稚園教育要領の示すところに従い，創意工夫を生かし，幼児の心身の発達と幼稚園及び地域の実態に即応した適切な教育課程を編成するものとする。
　また，各幼稚園においては，6に示す全体的な計画にも留意しながら，「幼児期の終わりまでに育ってほしい姿」を踏まえ教育課程を編成すること，教育課程の実施状況を評価してその改善を図っていくこと，教育課程の実施に必要な人的又は物的な体制を確保するとともにその改善を図っていくことなどを通して，教育課程に基づき組織的かつ計画的に各幼稚園の教育活動の質の向上を図っていくこと（以下「カリキュラム・マネジメント」という。）に努めるものとする。
2　各幼稚園の教育目標と教育課程の編成
　教育課程の編成に当たっては，幼稚園教育において育みたい資質・能力を踏まえつつ，各幼稚園の教育目標を明確にするとともに，教育課程の編成についての基本的な方針が家庭や地域とも共有されるよう努めるものとする。
3　教育課程の編成上の基本的事項
(1)幼稚園生活の全体を通して第2章に示すねらいが総合的に達成されるよう，教育課程に係る教育期間や幼児の生活経験や発達の過程などを考慮して具体的なねらいと内容を組織するものとする。この場合においては，特に，自我が芽生え，他者の存在を意識し，自己を抑制しようとする気持ちが生まれる幼児期の発達の特性を踏まえ，入園から修了に至るまでの長期的な視野をもって充実した生活が展開できるように配慮するものとする。
(2)幼稚園の毎学年の教育課程に係る教育週数は，特別の事情のある場合を除き，39週を下ってはならない。
(3)幼稚園の1日の教育課程に係る教育時間は，4時間を標準とする。ただし，幼児の心身の発達の程度や季節などに適切に配慮するものとする。
4　教育課程の編成上の留意事項
　教育課程の編成に当たっては，次の事項に留意するものとする。

(1)幼児の生活は，入園当初の一人一人の遊びや教師との触れ合いを通して幼稚園生活に親しみ，安定していく時期から，他の幼児との関わりの中で幼児の主体的な活動が深まり，幼児が互いに必要な存在であることを認識するようになり，やがて幼児同士や学級全体で目的をもって協同して幼稚園生活を展開し，深めていく時期などに至るまでの過程を様々に経ながら広げられていくものであることを考慮し，活動がそれぞれの時期にふさわしく展開されるようにすること。
(2)入園当初，特に，3歳児の入園については，家庭との連携を緊密にし，生活のリズムや安全面に十分配慮すること。また，満3歳児については，学年の途中から入園することを考慮し，幼児が安心して幼稚園生活を過ごすことができるよう配慮すること。
(3)幼稚園生活が幼児にとって安全なものとなるよう，教職員による協力体制の下，幼児の主体的な活動を大切にしつつ，園庭や園舎などの環境の配慮や指導の工夫を行うこと。
5　小学校教育との接続に当たっての留意事項
(1)幼稚園においては，幼稚園教育が，小学校以降の生活や学習の基盤の育成につながることに配慮し，幼児期にふさわしい生活を通して，創造的な思考や主体的な生活態度などの基礎を培うようにするものとする。
(2)幼稚園教育において育まれた資質・能力を踏まえ，小学校教育が円滑に行われるよう，小学校の教師との意見交換や合同の研究の機会などを設け，「幼児期の終わりまでに育ってほしい姿」を共有するなど連携を図り，幼稚園教育と小学校教育との円滑な接続を図るよう努めるものとする。
6　全体的な計画の作成
　各幼稚園においては，教育課程を中心に，第3章に示す教育課程に係る教育時間の終了後等に行う教育活動の計画，学校保健計画，学校安全計画などとを関連させ，一体的に教育活動が展開されるよう全体的な計画を作成するものとする。

第4　指導計画の作成と幼児理解に基づいた評価
1　指導計画の考え方
　幼稚園教育は，幼児が自ら意欲をもって環境と関わることによりつくり出される具体的な活動を通して，その目標の達成を図るものである。幼稚園においてはこのことを踏まえ，幼児期にふさわしい生活が展開され，適切な指導が行われるよう，それぞれの幼稚園の教育課程に基づき，調和のとれた組織的，発展的な指導計画を作成し，幼児の活動に沿った柔軟な指導を行わなければならない。
2　指導計画の作成上の基本的事項
(1)指導計画は，幼児の発達に即して一人一人の幼児が幼児期にふさわしい生活を展開し，必要な体験を得られるようにするために，具体的に作成するものとする。

(2) 指導計画の作成に当たっては，次に示すところにより，具体的なねらい及び内容を明確に設定し，適切な環境を構成することなどにより活動が選択・展開されるようにするものとする。

　ア　具体的なねらい及び内容は，幼稚園生活における幼児の発達の過程を見通し，幼児の生活の連続性，季節の変化などを考慮して，幼児の興味や関心，発達の実情などに応じて設定すること。

　イ　環境は，具体的なねらいを達成するために適切なものとなるように構成し，幼児が自らその環境に関わることにより様々な活動を展開しつつ必要な体験を得られるようにすること。その際，幼児の生活する姿や発想を大切にし，常にその環境が適切なものとなるようにすること。

　ウ　幼児の行う具体的な活動は，生活の流れの中で様々に変化するものであることに留意し，幼児が望ましい方向に向かって自ら活動を展開していくことができるよう必要な援助をすること。

　　その際，幼児の実態及び幼児を取り巻く状況の変化などに即して指導の過程についての評価を適切に行い，常に指導計画の改善を図るものとする。

3　指導計画の作成上の留意事項

指導計画の作成に当たっては，次の事項に留意するものとする。

(1) 長期的に発達を見通した年，学期，月などにわたる長期の指導計画やこれとの関連を保ちながらより具体的な幼児の生活に即した週，日などの短期の指導計画を作成し，適切な指導が行われるようにすること。特に，週，日などの短期の指導計画については，幼児の生活のリズムに配慮し，幼児の意識や興味の連続性のある活動が相互に関連して幼稚園生活の自然な流れの中に組み込まれるようにすること。

(2) 幼児が様々な人やものとの関わりを通して，多様な体験をし，心身の調和のとれた発達を促すようにしていくこと。その際，幼児の発達に即して主体的・対話的で深い学びが実現するようにするとともに，心を動かされる体験が次の活動を生み出すことを考慮し，一つ一つの体験が相互に結び付き，幼稚園生活が充実するようにすること。

(3) 言語に関する能力の発達と思考力等の発達が関連していることを踏まえ，幼稚園生活全体を通して，幼児の発達を踏まえた言語環境を整え，言語活動の充実を図ること。

(4) 幼児が次の活動への期待や意欲をもつことができるよう，幼児の実態を踏まえながら，教師や他の幼児と共に遊びや生活の中で見通しをもったり，振り返ったりするよう工夫すること。

(5) 行事の指導に当たっては，幼稚園生活の自然な流れの中で生活に変化や潤いを与え，幼児が主体的に楽しく活動できるようにすること。なお，それぞれの行事についてはその教育的価値を十分検討し，適切なものを精選し，幼児の負担にならないようにすること。

(6) 幼児期は直接的な体験が重要であることを踏まえ，視聴覚教材やコンピュータなど情報機器を活用する際には，幼稚園生活では得難い体験を補完するなど，幼児の体験との関連を考慮すること。

(7) 幼児の主体的な活動を促すためには，教師が多様な関わりをもつことが重要であることを踏まえ，教師は，理解者，共同作業者など様々な役割を果たし，幼児の発達に必要な豊かな体験が得られるよう，活動の場面に応じて，適切な指導を行うようにすること。

(8) 幼児の行う活動は，個人，グループ，学級全体などで多様に展開されるものであることを踏まえ，幼稚園全体の教師による協力体制を作りながら，一人一人の幼児が興味や欲求を十分に満足させるよう適切な援助を行うようにすること。

4　幼児理解に基づいた評価の実施

幼児一人一人の発達の理解に基づいた評価の実施に当たっては，次の事項に配慮するものとする。

(1) 指導の過程を振り返りながら幼児の理解を進め，幼児一人一人のよさや可能性などを把握し，指導の改善に生かすようにすること。その際，他の幼児との比較や一定の基準に対する達成度についての評定によって捉えるものではないことに留意すること。

(2) 評価の妥当性や信頼性が高められるよう創意工夫を行い，組織的かつ計画的な取組を推進するとともに，次年度又は小学校等にその内容が適切に引き継がれるようにすること。

第5　特別な配慮を必要とする幼児への指導

1　障害のある幼児などへの指導

障害のある幼児などへの指導に当たっては，集団の中で生活することを通して全体的な発達を促していくことに配慮し，特別支援学校などの助言又は援助を活用しつつ，個々の幼児の障害の状態などに応じた指導内容や指導方法の工夫を組織的かつ計画的に行うものとする。また，家庭，地域及び医療や福祉，保健等の業務を行う関係機関との連携を図り，長期的な視点で幼児への教育的支援を行うために，個別の教育支援計画を作成し活用することに努めるとともに，個々の幼児の実態を的確に把握し，個別の指導計画を作成し活用することに努めるものとする。

2　海外から帰国した幼児や生活に必要な日本語の習得に困難のある幼児の幼稚園生活への適応

海外から帰国した幼児や生活に必要な日本語の習得に困難のある幼児については，安心して自己を発揮できるよう配慮するなど個々の幼児の実態に応じ，指導内容や指導方法の工夫を組織的かつ計画的に行うものとする。

第6　幼稚園運営上の留意事項
1　各幼稚園においては，園長の方針の下に，園務分掌に基づき教職員が適切に役割を分担しつつ，相互に連携しながら，教育課程や指導の改善を図るものとする。また，各幼稚園が行う学校評価については，教育課程の編成，実施，改善が教育活動や幼稚園運営の中核となることを踏まえ，カリキュラム・マネジメントと関連付けながら実施するよう留意するものとする。
2　幼児の生活は，家庭を基盤として地域社会を通じて次第に広がりをもつものであることに留意し，家庭との連携を十分に図るなど，幼稚園における生活が家庭や地域社会と連続性を保ちつつ展開されるようにするものとする。その際，地域の自然，高齢者や異年齢の子供などを含む人材，行事や公共施設などの地域の資源を積極的に活用し，幼児が豊かな生活体験を得られるように工夫するものとする。また，家庭との連携に当たっては，保護者との情報交換の機会を設けたり，保護者と幼児との活動の機会を設けたりなどすることを通じて，保護者の幼児期の教育に関する理解が深まるよう配慮するものとする。
3　地域や幼稚園の実態等により，幼稚園間に加え，保育所，幼保連携型認定こども園，小学校，中学校，高等学校及び特別支援学校などとの間の連携や交流を図るものとする。特に，幼稚園教育と小学校教育の円滑な接続のため，幼稚園の幼児と小学校の児童との交流の機会を積極的に設けるようにするものとする。また，障害のある幼児児童生徒との交流及び共同学習の機会を設け，共に尊重し合いながら協働して生活していく態度を育むよう努めるものとする。

第7　教育課程に係る教育時間終了後等に行う教育活動など
　幼稚園は，第3章に示す教育課程に係る教育時間の終了後等に行う教育活動について，学校教育法に規定する目的及び目標並びにこの章の第1に示す幼稚園教育の基本を踏まえ実施するものとする。また，幼稚園の目的の達成に資するため，幼児の生活全体が豊かなものとなるよう家庭や地域における幼児期の教育の支援に努めるものとする。

　第2章　ねらい及び内容

　この章に示すねらいは，幼稚園教育において育みたい資質・能力を幼児の生活する姿から捉えたものであり，内容は，ねらいを達成するために指導する事項である。各領域は，これらを幼児の発達の側面から，心身の健康に関する領域「健康」，人との関わりに関する領域「人間関係」，身近な環境との関わりに関する領域「環境」，言葉の獲得に関する領域「言葉」及び感性と表現に関する領域「表現」としてまとめ，示したものである。内容の取扱いは，幼児の発達を踏まえた指導を行うに当たって留意すべき事項である。

　各領域に示すねらいは，幼稚園における生活の全体を通じ，幼児が様々な体験を積み重ねる中で相互に関連をもちながら次第に達成に向かうものであること，内容は，幼児が環境に関わって展開する具体的な活動を通して総合的に指導されるものであることに留意しなければならない。
　また，「幼児期の終わりまでに育ってほしい姿」が，ねらい及び内容に基づく活動全体を通して資質・能力が育まれている幼児の幼稚園修了時の具体的な姿であることを踏まえ，指導を行う際に考慮するものとする。
　なお，特に必要な場合には，各領域に示すねらいの趣旨に基づいて適切な，具体的な内容を工夫し，それを加えても差し支えないが，その場合には，それが第1章の第1に示す幼稚園教育の基本を逸脱しないよう慎重に配慮する必要がある。

健康　[健康な心と体を育て，自ら健康で安全な生活をつくり出す力を養う。]
1　ねらい
(1)明るく伸び伸びと行動し，充実感を味わう。
(2)自分の体を十分に動かし，進んで運動しようとする。
(3)健康，安全な生活に必要な習慣や態度を身に付け，見通しをもって行動する。
2　内　容
(1)先生や友達と触れ合い，安定感をもって行動する。
(2)いろいろな遊びの中で十分に体を動かす。
(3)進んで戸外で遊ぶ。
(4)様々な活動に親しみ，楽しんで取り組む。
(5)先生や友達と食べることを楽しみ，食べ物への興味や関心をもつ。
(6)健康な生活のリズムを身に付ける。
(7)身の回りを清潔にし，衣服の着脱，食事，排泄などの生活に必要な活動を自分でする。
(8)幼稚園における生活の仕方を知り，自分たちで生活の場を整えながら見通しをもって行動する。
(9)自分の健康に関心をもち，病気の予防などに必要な活動を進んで行う。
(10)危険な場所，危険な遊び方，災害時などの行動の仕方が分かり，安全に気を付けて行動する。
3　内容の取扱い
　上記の取扱いに当たっては，次の事項に留意する必要がある。
(1)心と体の健康は，相互に密接な関連があるものであることを踏まえ，幼児が教師や他の幼児との温かい触れ合いの中で自己の存在感や充実感を味わうことなどを基盤として，しなやかな心と体の発達を促すこと。特に，十分に体を動かす気持ちよさを体験し，自ら体を動かそうとする意欲が育つようにすること。
(2)様々な遊びの中で，幼児が興味や関心，能力に応じて全身を使って活動することにより，体を動かす楽しさ

を味わい，自分の体を大切にしようとする気持ちが育つようにすること。その際，多様な動きを経験する中で，体の動きを調整するようにすること。

(3)自然の中で伸び伸びと体を動かして遊ぶことにより，体の諸機能の発達が促されることに留意し，幼児の興味や関心が戸外にも向くようにすること。その際，幼児の動線に配慮した園庭や遊具の配置などを工夫すること。

(4)健康な心と体を育てるためには食育を通じた望ましい食習慣の形成が大切であることを踏まえ，幼児の食生活の実情に配慮し，和やかな雰囲気の中で教師や他の幼児と食べる喜びや楽しさを味わったり，様々な食べ物への興味や関心をもったりするなどし，食の大切さに気付き，進んで食べようとする気持ちが育つようにすること。

(5)基本的な生活習慣の形成に当たっては，家庭での生活経験に配慮し，幼児の自立心を育て，幼児が他の幼児と関わりながら主体的な活動を展開する中で，生活に必要な習慣を身に付け，次第に見通しをもって行動できるようにすること。

(6)安全に関する指導に当たっては，情緒の安定を図り，遊びを通して安全についての構えを身に付け，危険な場所や事物などが分かり，安全についての理解を深めるようにすること。また，交通安全の習慣を身に付けるようにするとともに，避難訓練などを通して，災害などの緊急時に適切な行動がとれるようにすること。

人間関係　[他の人々と親しみ，支え合って生活するために，自立心を育て，人と関わる力を養う。]

1　ねらい
  (1)幼稚園生活を楽しみ，自分の力で行動することの充実感を味わう。
  (2)身近な人と親しみ，関わりを深め，工夫したり，協力したりして一緒に活動する楽しさを味わい，愛情や信頼感をもつ。
  (3)社会生活における望ましい習慣や態度を身に付ける。

2　内　容
  (1)先生や友達と共に過ごすことの喜びを味わう。
  (2)自分で考え，自分で行動する。
  (3)自分でできることは自分でする。
  (4)いろいろな遊びを楽しみながら物事をやり遂げようとする気持ちをもつ。
  (5)友達と積極的に関わりながら喜びや悲しみを共感し合う。
  (6)自分の思ったことを相手に伝え，相手の思っていることに気付く。
  (7)友達のよさに気付き，一緒に活動する楽しさを味わう。
  (8)友達と楽しく活動する中で，共通の目的を見いだし，工夫したり，協力したりなどする。
  (9)よいことや悪いことがあることに気付き，考えながら行動する。
  (10)友達との関わりを深め，思いやりをもつ。
  (11)友達と楽しく生活する中できまりの大切さに気付き，守ろうとする。
  (12)共同の遊具や用具を大切にし，皆で使う。
  (13)高齢者をはじめ地域の人々などの自分の生活に関係の深いいろいろな人に親しみをもつ。

3　内容の取扱い
  上記の取扱いに当たっては，次の事項に留意する必要がある。
  (1)教師との信頼関係に支えられて自分自身の生活を確立していくことが人と関わる基盤となることを考慮し，幼児が自ら周囲に働き掛けることにより多様な感情を体験し，試行錯誤しながら諦めずにやり遂げることの達成感や，前向きな見通しをもって自分の力で行うことの充実感を味わうことができるよう，幼児の行動を見守りながら適切な援助を行うようにすること。
  (2)一人一人を生かした集団を形成しながら人と関わる力を育てていくようにすること。その際，集団の生活の中で，幼児が自己を発揮し，教師や他の幼児に認められる体験をし，自分のよさや特徴に気付き，自信をもって行動できるようにすること。
  (3)幼児が互いに関わりを深め，協同して遊ぶようになるため，自ら行動する力を育てるようにするとともに，他の幼児と試行錯誤しながら活動を展開する楽しさや共通の目的が実現する喜びを味わうことができるようにすること。
  (4)道徳性の芽生えを培うに当たっては，基本的な生活習慣の形成を図るとともに，幼児が他の幼児との関わりの中で他人の存在に気付き，相手を尊重する気持ちをもって行動できるようにし，また，自然や身近な動植物に親しむことなどを通して豊かな心情が育つようにすること。特に，人に対する信頼感や思いやりの気持ちは，葛藤やつまずきをも体験し，それらを乗り越えることにより次第に芽生えてくることに配慮すること。
  (5)集団の生活を通して，幼児が人との関わりを深め，規範意識の芽生えが培われることを考慮し，幼児が教師との信頼関係に支えられて自己を発揮する中で，互いに思いを主張し，折り合いを付ける体験をし，きまりの必要性などに気付き，自分の気持ちを調整する力が育つようにすること。
  (6)高齢者をはじめ地域の人々などの自分の生活に関係の深いいろいろな人と触れ合い，自分の感情や意志を表現しながら共に楽しみ，共感し合う体験を通して，これらの人々などに親しみをもち，人と関わることの楽しさや人の役に立つ喜びを味わうことができるようにすること。また，生活を通して親や祖父母などの家族の愛情に気付き，家族を大切にしようとする気持ちが育つようにすること。

環　境　[周囲の様々な環境に好奇心や探究心をもって関わり，それらを生活に取り入れていこうとする力を養う。]
1　ねらい
(1)身近な環境に親しみ，自然と触れ合う中で様々な事象に興味や関心をもつ。
(2)身近な環境に自分から関わり，発見を楽しんだり，考えたりし，それを生活に取り入れようとする。
(3)身近な事象を見たり，考えたり，扱ったりする中で，物の性質や数量，文字などに対する感覚を豊かにする。
2　内　容
(1)自然に触れて生活し，その大きさ，美しさ，不思議さなどに気付く。
(2)生活の中で，様々な物に触れ，その性質や仕組みに興味や関心をもつ。
(3)季節により自然や人間の生活に変化のあることに気付く。
(4)自然などの身近な事象に関心をもち，取り入れて遊ぶ。
(5)身近な動植物に親しみをもって接し，生命の尊さに気付き，いたわったり，大切にしたりする。
(6)日常生活の中で，我が国や地域社会における様々な文化や伝統に親しむ。
(7)身近な物を大切にする。
(8)身近な物や遊具に興味をもって関わり，自分なりに比べたり，関連付けたりしながら考えたり，試したりして工夫して遊ぶ。
(9)日常生活の中で数量や図形などに関心をもつ。
(10)日常生活の中で簡単な標識や文字などに関心をもつ。
(11)生活に関係の深い情報や施設などに興味や関心をもつ。
(12)幼稚園内外の行事において国旗に親しむ。
3　内容の取扱い
　上記の取扱いに当たっては，次の事項に留意する必要がある。
(1)幼児が，遊びの中で周囲の環境と関わり，次第に周囲の世界に好奇心を抱き，その意味や操作の仕方に関心をもち，物事の法則性に気付き，自分なりに考えることができるようになる過程を大切にすること。また，他の幼児の考えなどに触れて新しい考えを生み出す喜びや楽しさを味わい，自分の考えをよりよいものにしようとする気持ちが育つようにすること。
(2)幼児期において自然のもつ意味は大きく，自然の大きさ，美しさ，不思議さなどに直接触れる体験を通して，幼児の心が安らぎ，豊かな感情，好奇心，思考力，表現力の基礎が培われることを踏まえ，幼児が自然との関わりを深めることができるよう工夫すること。
(3)身近な事象や動植物に対する感動を伝え合い，共感し合うことなどを通して自分から関わろうとする意欲を育てるとともに，様々な関わり方を通してそれらに対する親しみや畏敬の念，生命を大切にする気持ち，公共心，探究心などが養われるようにすること。
(4)文化や伝統に親しむ際には，正月や節句など我が国の伝統的な行事，国歌，唱歌，わらべうたや我が国の伝統的な遊びに親しんだり，異なる文化に触れる活動に親しんだりすることを通じて，社会とのつながりの意識や国際理解の意識の芽生えなどが養われるようにすること。
(5)数量や文字などに関しては，日常生活の中で幼児自身の必要感に基づく体験を大切にし，数量や文字などに関する興味や関心，感覚が養われるようにすること。

言　葉　[経験したことや考えたことなどを自分なりの言葉で表現し，相手の話す言葉を聞こうとする意欲や態度を育て，言葉に対する感覚や言葉で表現する力を養う。]
1　ねらい
(1)自分の気持ちを言葉で表現する楽しさを味わう。
(2)人の言葉や話などをよく聞き，自分の経験したことや考えたことを話し，伝え合う喜びを味わう。
(3)日常生活に必要な言葉が分かるようになるとともに，絵本や物語などに親しみ，言葉に対する感覚を豊かにし，先生や友達と心を通わせる。
2　内　容
(1)先生や友達の言葉や話に興味や関心をもち，親しみをもって聞いたり，話したりする。
(2)したり，見たり，聞いたり，感じたり，考えたりなどしたことを自分なりに言葉で表現する。
(3)したいこと，してほしいことを言葉で表現したり，分からないことを尋ねたりする。
(4)人の話を注意して聞き，相手に分かるように話す。
(5)生活の中で必要な言葉が分かり，使う。
(6)親しみをもって日常の挨拶をする。
(7)生活の中で言葉の楽しさや美しさに気付く。
(8)いろいろな体験を通じてイメージや言葉を豊かにする。
(9)絵本や物語などに親しみ，興味をもって聞き，想像をする楽しさを味わう。
(10)日常生活の中で，文字などで伝える楽しさを味わう。
3　内容の取扱い
　上記の取扱いに当たっては，次の事項に留意する必要がある。
(1)言葉は，身近な人に親しみをもって接し，自分の感情や意志などを伝え，それに相手が応答し，その言葉を聞くことを通して次第に獲得されていくものであることを考慮して，幼児が教師や他の幼児と関わることにより心を動かされるような体験をし，言葉を交わす喜びを味わえるようにすること。
(2)幼児が自分の思いを言葉で伝えるとともに，教師や他の幼児などの話を興味をもって注意して聞くことを通して次第に話を理解するようになっていき，言葉による伝え合いができるようにすること。
(3)絵本や物語などで，その内容と自分の経験とを結び付けたり，想像を巡らせたりするなど，楽しみを十分に

味わうことによって，次第に豊かなイメージをもち，言葉に対する感覚が養われるようにすること。
(4) 幼児が生活の中で，言葉の響きやリズム，新しい言葉や表現などに触れ，これらを使う楽しさを味わえるようにすること。その際，絵本や物語に親しんだり，言葉遊びなどをしたりすることを通して，言葉が豊かになるようにすること。
(5) 幼児が日常生活の中で，文字などを使いながら思ったことや考えたことを伝える喜びや楽しさを味わい，文字に対する興味や関心をもつようにすること。

表　現　[感じたことや考えたことを自分なりに表現することを通して，豊かな感性や表現する力を養い，創造性を豊かにする。]
1　ねらい
　(1) いろいろなものの美しさなどに対する豊かな感性をもつ。
　(2) 感じたことや考えたことを自分なりに表現して楽しむ。
　(3) 生活の中でイメージを豊かにし，様々な表現を楽しむ。
2　内容
　(1) 生活の中で様々な音，形，色，手触り，動きなどに気付いたり，感じたりするなどして楽しむ。
　(2) 生活の中で美しいものや心を動かす出来事に触れ，イメージを豊かにする。
　(3) 様々な出来事の中で，感動したことを伝え合う楽しさを味わう。
　(4) 感じたこと，考えたことなどを音や動きなどで表現したり，自由にかいたり，つくったりなどする。
　(5) いろいろな素材に親しみ，工夫して遊ぶ。
　(6) 音楽に親しみ，歌を歌ったり，簡単なリズム楽器を使ったりなどする楽しさを味わう。
　(7) かいたり，つくったりすることを楽しみ，遊びに使ったり，飾ったりなどする。
　(8) 自分のイメージを動きや言葉などで表現したり，演じて遊んだりするなどの楽しさを味わう。
3　内容の取扱い
　上記の取扱いに当たっては，次の事項に留意する必要がある。
　(1) 豊かな感性は，身近な環境と十分に関わる中で美しいもの，優れたもの，心を動かす出来事などに出会い，そこから得た感動を他の幼児や教師と共有し，様々に表現することなどを通して養われるようにすること。その際，風の音や雨の音，身近にある草や花の形や色など自然の中にある音，形，色などに気付くようにすること。
　(2) 幼児の自己表現は素朴な形で行われることが多いので，教師はそのような表現を受容し，幼児自身の表現しようとする意欲を受け止めて，幼児が生活の中で幼児らしい様々な表現を楽しむことができるようにすること。
　(3) 生活経験や発達に応じ，自ら様々な表現を楽しみ，表現する意欲を十分に発揮させることができるように，遊具や用具などを整えたり，様々な素材や表現の仕方に親しんだり，他の幼児の表現に触れられるよう配慮したりし，表現する過程を大切にして自己表現を楽しめるように工夫すること。

### 第3章　教育課程に係る教育時間の終了後等に行う教育活動などの留意事項

1　地域の実態や保護者の要請により，教育課程に係る教育時間の終了後等に希望する者を対象に行う教育活動については，幼児の心身の負担に配慮するものとする。また，次の点にも留意するものとする。
　(1) 教育課程に基づく活動を考慮し，幼児期にふさわしい無理のないものとなるようにすること。その際，教育課程に基づく活動を担当する教師と緊密な連携を図るようにすること。
　(2) 家庭や地域での幼児の生活も考慮し，教育課程に係る教育時間の終了後等に行う教育活動の計画を作成するようにすること。その際，地域の人々と連携するなど，地域の様々な資源を活用しつつ，多様な体験ができるようにすること。
　(3) 家庭との緊密な連携を図るようにすること。その際，情報交換の機会を設けたりするなど，保護者が，幼稚園と共に幼児を育てるという意識が高まるようにすること。
　(4) 地域の実態や保護者の事情とともに幼児の生活のリズムを踏まえつつ，例えば実施日数や時間などについて，弾力的な運用に配慮すること。
　(5) 適切な責任体制と指導体制を整備した上で行うようにすること。
2　幼稚園の運営に当たっては，子育ての支援のために保護者や地域の人々に機能や施設を開放して，園内体制の整備や関係機関との連携及び協力に配慮しつつ，幼児期の教育に関する相談に応じたり，情報を提供したり，幼児と保護者との登園を受け入れたり，保護者同士の交流の機会を提供したりするなど，幼稚園と家庭が一体となって幼児と関わる取組を進め，地域における幼児期の教育のセンターとしての役割を果たすよう努めるものとする。その際，心理や保健の専門家，地域の子育て経験者等と連携・協働しながら取り組むよう配慮するものとする。

## 保育所保育指針（抄）

（平成29年3月31日　厚生労働省告示第117号）

### 第1章　総則

この指針は、児童福祉施設の設備及び運営に関する基準（昭和23年厚生省令第63号。以下「設備運営基準」という。）第35条の規定に基づき、保育所における保育の内容に関する事項及びこれに関連する運営に関する事項を定めるものである。各保育所は、この指針において規定される保育の内容に係る基本原則に関する事項等を踏まえ、各保育所の実情に応じて創意工夫を図り、保育所の機能及び質の向上に努めなければならない。

#### 1　保育所保育に関する基本原則

(1) 保育所の役割

ア　保育所は、児童福祉法（昭和22年法律第164号）第39条の規定に基づき、保育を必要とする子どもの保育を行い、その健全な心身の発達を図ることを目的とする児童福祉施設であり、入所する子どもの最善の利益を考慮し、その福祉を積極的に増進することに最もふさわしい生活の場でなければならない。

イ　保育所は、その目的を達成するために、保育に関する専門性を有する職員が、家庭との緊密な連携の下に、子どもの状況や発達過程を踏まえ、保育所における環境を通して、養護及び教育を一体的に行うことを特性としている。

ウ　保育所は、入所する子どもを保育するとともに、家庭や地域の様々な社会資源との連携を図りながら、入所する子どもの保護者に対する支援及び地域の子育て家庭に対する支援等を行う役割を担うものである。

エ　保育所における保育士は、児童福祉法第18条の4の規定を踏まえ、保育所の役割及び機能が適切に発揮されるように、倫理観に裏付けられた専門的知識、技術及び判断をもって、子どもを保育するとともに、子どもの保護者に対する保育に関する指導を行うものであり、その職責を遂行するための専門性の向上に絶えず努めなければならない。

(2) 保育の目標

ア　保育所は、子どもが生涯にわたる人間形成にとって極めて重要な時期に、その生活時間の大半を過ごす場である。このため、保育所の保育は、子どもが現在を最も良く生き、望ましい未来をつくり出す力の基礎を培うために、次の目標を目指して行わなければならない。

(ｱ) 十分に養護の行き届いた環境の下に、くつろいだ雰囲気の中で子どもの様々な欲求を満たし、生命の保持及び情緒の安定を図ること。

(ｲ) 健康、安全など生活に必要な基本的な習慣や態度を養い、心身の健康の基礎を培うこと。

(ｳ) 人との関わりの中で、人に対する愛情と信頼感、そして人権を大切にする心を育てるとともに、自主、自立及び協調の態度を養い、道徳性の芽生えを培うこと。

(ｴ) 生命、自然及び社会の事象についての興味や関心を育て、それらに対する豊かな心情や思考力の芽生えを培うこと。

(ｵ) 生活の中で、言葉への興味や関心を育て、話したり、聞いたり、相手の話を理解しようとするなど、言葉の豊かさを養うこと。

(ｶ) 様々な体験を通して、豊かな感性や表現力を育み、創造性の芽生えを培うこと。

イ　保育所は、入所する子どもの保護者に対し、その意向を受け止め、子どもと保護者の安定した関係に配慮し、保育所の特性や保育士等の専門性を生かして、その援助に当たらなければならない。

(3) 保育の方法

保育の目標を達成するために、保育士等は、次の事項に留意して保育しなければならない。

ア　一人一人の子どもの状況や家庭及び地域社会での生活の実態を把握するとともに、子どもが安心感と信頼感をもって活動できるよう、子どもの主体としての思いや願いを受け止めること。

イ　子どもの生活のリズムを大切にし、健康、安全で情緒の安定した生活ができる環境や、自己を十分に発揮できる環境を整えること。

ウ　子どもの発達について理解し、一人一人の発達過程に応じて保育すること。その際、子どもの個人差に十分配慮すること。

エ　子ども相互の関係づくりや互いに尊重する心を大切にし、集団における活動を効果あるものにするよう援助すること。

オ　子どもが自発的・意欲的に関われるような環境を構成し、子どもの主体的な活動や子ども相互の関わりを大切にすること。特に、乳幼児期にふさわしい体験が得られるように、生活や遊びを通して総合的に保育すること。

カ　一人一人の保護者の状況やその意向を理解、受容し、それぞれの親子関係や家庭生活等に配慮しながら、様々な機会をとらえ、適切に援助すること。

(4) 保育の環境

保育の環境には、保育士等や子どもなどの人的環境、施設や遊具などの物的環境、更には自然や社会の事象などがある。保育所は、こうした人、物、場などの環境が相互に関連し合い、子どもの生活が豊かなものとなるよう、次の

事項に留意しつつ，計画的に環境を構成し，工夫して保育しなければならない。
　ア 子ども自らが環境に関わり，自発的に活動し，様々な経験を積んでいくことができるよう配慮すること。
　イ 子どもの活動が豊かに展開されるよう，保育所の設備や環境を整え，保育所の保健的環境や安全の確保などに努めること。
　ウ 保育室は，温かな親しみとくつろぎの場となるとともに，生き生きと活動できる場となるように配慮すること。
　エ 子どもが人と関わる力を育てていくため，子ども自らが周囲の子どもや大人と関わっていくことができる環境を整えること。
(5) 保育所の社会的責任
　ア 保育所は，子どもの人権に十分配慮するとともに，子ども一人一人の人格を尊重して保育を行わなければならない。
　イ 保育所は，地域社会との交流や連携を図り，保護者や地域社会に，当該保育所が行う保育の内容を適切に説明するよう努めなければならない。
　ウ 保育所は，入所する子ども等の個人情報を適切に取り扱うとともに，保護者の苦情などに対し，その解決を図るよう努めなければならない。

2　養護に関する基本的事項
(1) 養護の理念
　保育における養護とは，子どもの生命の保持及び情緒の安定を図るために保育士等が行う援助や関わりであり，保育所における保育は，養護及び教育を一体的に行うことをその特性とするものである。保育所における保育全体を通じて，養護に関するねらい及び内容を踏まえた保育が展開されなければならない。
(2) 養護に関わるねらい及び内容
　ア 生命の保持
　　(ｱ) ねらい
　　　① 一人一人の子どもが，快適に生活できるようにする。
　　　② 一人一人の子どもが，健康で安全に過ごせるようにする。
　　　③ 一人一人の子どもの生理的欲求が，十分に満たされるようにする。
　　　④ 一人一人の子どもの健康増進が，積極的に図られるようにする。
　　(ｲ) 内容
　　　① 一人一人の子どもの平常の健康状態や発育及び発達状態を的確に把握し，異常を感じる場合は，速やかに適切に対応する。
　　　② 家庭との連携を密にし，嘱託医等との連携を図りながら，子どもの疾病や事故防止に関する認識を深め，保健的で安全な保育環境の維持及び向上に努める。
　　　③ 清潔で安全な環境を整え，適切な援助や応答的な関わりを通して子どもの生理的欲求を満たしていく。また，家庭と協力しながら，子どもの発達過程等に応じた適切な生活のリズムがつくられていくようにする。
　　　④ 子どもの発達過程等に応じて，適度な運動と休息を取ることができるようにする。また，食事，排泄，衣類の着脱，身の回りを清潔にすることなどについて，子どもが意欲的にせつに生活できるよう適切に援助する。
　イ 情緒の安定
　　(ｱ) ねらい
　　　① 一人一人の子どもが，安定感をもって過ごせるようにする。
　　　② 一人一人の子どもが，自分の気持ちを安心して表すことができるようにする。
　　　③ 一人一人の子どもが，周囲から主体として受け止められ，主体として育ち，自分を肯定する気持ちが育まれていくようにする。
　　　④ 一人一人の子どもがくつろいで共に過ごし，心身の疲れが癒されるようにする。
　　(ｲ) 内　容
　　　① 一人一人の子どもの置かれている状態や発達過程などを的確に把握し，子どもの欲求を適切に満たしながら，応答的な触れ合いや言葉がけを行う。
　　　② 一人一人の子どもの気持ちを受容し，共感しながら，子どもとの継続的な信頼関係を築いていく。
　　　③ 保育士等との信頼関係を基盤に，一人一人の子どもが主体的に活動し，自発性や探索意欲などを高めるとともに，自分への自信をもつことができるよう成長の過程を見守り，適切に働きかける。
　　　④ 一人一人の子どもの生活のリズム，発達過程，保育時間などに応じて，活動内容のバランスや調和を図りながら，適切な食事や休息が取れるようにする。

3　保育の計画及び評価
(1) 全体的な計画の作成
　ア 保育所は，1の(2)に示した保育の目標を達成するために，各保育所の保育の方針や目標に基づき，子どもの発達過程を踏まえて，保育の内容が組織的・計画的に構成され，保育所の生活の全体を通して，総合的に展開されるよう，全体的な計画を作成しなければならない。
　イ 全体的な計画は，子どもや家庭の状況，地域の実態，保育時間などを考慮し，子どもの育ちに関する長期的見通しをもって適切に作成されなければならない。
　ウ 全体的な計画は，保育所保育の全体像を包括的に示すものとし，これに基づく指導計画，保健計画，食育計画等を通じて，各保育所が創意工夫して保育できるよう，作成されなければならない。
(2) 指導計画の作成

ア 保育所は，全体的な計画に基づき，具体的な保育が適切に展開されるよう，子どもの生活や発達を見通した長期的な指導計画と，それに関連しながら，より具体的な子どもの日々の生活に即した短期的な指導計画を作成しなければならない。

イ 指導計画の作成に当たっては，第2章及びその他の関連する章に示された事項のほか，子ども一人一人の発達過程や状況を十分に踏まえるとともに，次の事項に留意しなければならない。

(ｱ) 3歳未満児については，一人一人の子どもの生育歴，心身の発達，活動の実態等に即して，個別的な計画を作成すること。

(ｲ) 3歳以上児については，個の成長と，子ども相互の関係や協同的な活動が促されるよう配慮すること。

(ｳ) 異年齢で構成される組やグループでの保育においては，一人一人の子どもの生活や経験，発達過程などを把握し，適切な援助や環境構成ができるよう配慮すること。

ウ 指導計画においては，保育所の生活における子どもの発達過程を見通し，生活の連続性，季節の変化などを考慮し，子どもの実態に即した具体的なねらい及び内容を設定すること。また，具体的なねらいが達成されるよう，子どもの生活する姿や発想を大切にして適切な環境を構成し，子どもが主体的に活動できるようにすること。

エ 一日の生活のリズムや在園時間が異なる子どもが共に過ごすことを踏まえ，活動と休息，緊張感と解放感等の調和を図るよう配慮すること。

オ 午睡は生活のリズムを構成する重要な要素であり，安心して眠ることのできる安全な睡眠環境を確保するとともに，在園時間が異なることや，睡眠時間は子どもの発達の状況や個人によって差があることから，一律とならないよう配慮すること。

カ 長時間にわたる保育については，子どもの発達過程，生活のリズム及び心身の状態に十分配慮して，保育の内容や方法，職員の協力体制，家庭との連携などを指導計画に位置付けること。

キ 障害のある子どもの保育については，一人一人の子どもの発達過程や障害の状態を把握し，適切な環境の下で，障害のある子どもが他の子どもとの生活を通して共に成長できるよう，指導計画の中に位置付けること。また，子どもの状況に応じた保育を実施する観点から，家庭や関係機関と連携した支援のための計画を個別に作成するなど適切な対応を図ること。

(3) 指導計画の展開

指導計画に基づく保育の実施に当たっては，次の事項に留意しなければならない。

ア 施設長，保育士など，全職員による適切な役割分担と協力体制を整えること。

イ 子どもが行う具体的な活動は，生活の中で様々に変化することに留意して，子どもが望ましい方向に向かって自ら活動を展開できるよう必要な援助を行うこと。

ウ 子どもの主体的な活動を促すためには，保育士等が多様な関わりをもつことが重要であることを踏まえ，子どもの情緒の安定や発達に必要な豊かな体験が得られるよう援助すること。

エ 保育士等は，子どもの実態や子どもを取り巻く状況の変化などに即して保育の過程を記録するとともに，これらを踏まえ，指導計画に基づく保育の内容の見直しを行い，改善を図ること。

(4) 保育内容等の評価

ア 保育士等の自己評価

(ｱ) 保育士等は，保育の計画や保育の記録を通して，自らの保育実践を振り返り，自己評価することを通して，その専門性の向上や保育実践の改善に努めなければならない。

(ｲ) 保育士等による自己評価に当たっては，子どもの活動内容やその結果だけでなく，子どもの心の育ちや意欲，取り組む過程などにも十分配慮するよう留意すること。

(ｳ) 保育士等は，自己評価における自らの保育実践の振り返りや職員相互の話し合い等を通じて，専門性の向上及び保育の質の向上のための課題を明確にするとともに，保育所全体の保育の内容に関する認識を深めること。

イ 保育所の自己評価

(ｱ) 保育所は，保育の質の向上を図るため，保育の計画の展開や保育士等の自己評価を踏まえ，当該保育所の保育の内容等について，自ら評価を行い，その結果を公表するよう努めなければならない。

(ｲ) 保育所が自己評価を行うに当たっては，地域の実情や保育所の実態に即して，適切に評価の観点や項目等を設定し，全職員による共通理解をもって取り組むよう留意すること。

(ｳ) 設備運営基準第36条の趣旨を踏まえ，保育の内容等の評価に関し，保護者及び地域住民等の意見を聴くことが望ましいこと。

(5) 評価を踏まえた計画の改善

ア 保育所は，評価の結果を踏まえ，当該保育所の保育の内容等の改善を図ること。

イ 保育の計画に基づく保育，保育の内容の評価及びこれに基づく改善という一連の取組により，保育の質の向上が図られるよう，全職員が共通理解をもって取り組むことに留意すること。

4 幼児教育を行う施設として共有すべき事項

(1) 育みたい資質・能力

ア 保育所においては，生涯にわたる生きる力の基礎を培うため，1の(2)に示す保育の目標を踏まえ，次に掲げ

る資質・能力を一体的に育むよう努めるものとする。
(ア) 豊かな体験を通じて、感じたり、気付いたり、分かったり、できるようになったりする「知識及び技能の基礎」
(イ) 気付いたことや、できるようになったことなどを使い、考えたり、試したり、工夫したり、表現したりする「思考力、判断力、表現力等の基礎」
(ウ) 心情、意欲、態度が育つ中で、よりよい生活を営もうとする「学びに向かう力、人間性等」

イ アに示す資質・能力は、第2章に示すねらい及び内容に基づく保育活動全体によって育むものである。

(2) 幼児期の終わりまでに育ってほしい姿

次に示す「幼児期の終わりまでに育ってほしい姿」は、第2章に示すねらい及び内容に基づく保育活動全体を通して資質・能力が育まれている子どもの小学校就学時の具体的な姿であり、保育士等が指導を行う際に考慮するものである。

※以下に示される「幼児期の終わりまでに育ってほしい姿」(ア 健康な心と体〜コ 豊かな感性と表現)は、幼稚園教育要領の「第1章総則 第2」の3(1)〜(10)にほぼ準じるため、紙幅の都合で省略する。

### 第2章 保育の内容

この章に示す「ねらい」は、第1章の1の(2)に示された保育の目標をより具体化したものであり、子どもが保育所において、安定した生活を送り、充実した活動ができるように、保育を通じて育みたい資質・能力を、子どもの生活する姿から捉えたものである。また、「内容」は、「ねらい」を達成するために、子どもの生活やその状況に応じて保育士等が適切に行う事項と、保育士等が援助して子どもが環境に関わって経験する事項を示したものである。

保育における「養護」とは、子どもの生命の保持及び情緒の安定を図るために保育士等が行う援助や関わりであり、「教育」とは、子どもが健やかに成長し、その活動がより豊かに展開されるための発達の援助である。本章では、保育士等が、「ねらい」及び「内容」を具体的に把握するため、主に教育に関わる側面からの視点を示しているが、実際の保育においては、養護と教育が一体となって展開されることに留意する必要がある。

### 1 乳児保育に関わるねらい及び内容

(1) 基本的事項

ア 乳児期の発達については、視覚、聴覚などの感覚や、座る、はう、歩くなどの運動機能が著しく発達し、特定の大人との応答的な関わりを通じて、情緒的な絆(きずな)が形成されるといった特徴がある。これらの発達の特徴を踏まえて、乳児保育は、愛情豊かに、応答的に行われることが特に必要である。

イ 本項においては、この時期の発達の特徴を踏まえ、乳児保育の「ねらい」及び「内容」については、身体的発達に関する視点「健やかに伸び伸びと育つ」、社会的発達に関する視点「身近な人と気持ちが通じ合う」及び精神的発達に関する視点「身近なものと関わり感性が育つ」としてまとめ、示している。

ウ 本項の各視点において示す保育の内容は、第1章の2に示された養護における「生命の保持」及び「情緒の安定」に関わる保育の内容と、一体となって展開されるものであることに留意が必要である。

(2) ねらい及び内容

ア 健やかに伸び伸びと育つ健康な心と体を育て、自ら健康で安全な生活をつくり出す力の基盤を培う。

(ア) ねらい
① 身体感覚が育ち、快適な環境に心地よさを感じる。
② 伸び伸びと体を動かし、はう、歩くなどの運動をしようとする。
③ 食事、睡眠等の生活のリズムの感覚が芽生える。

(イ) 内容
① 保育士等の愛情豊かな受容の下で、生理的・心理的欲求を満たし、心地よく生活をする。
② 一人一人の発育に応じて、はう、立つ、歩くなど、十分に体を動かす。
③ 個人差に応じて授乳を行い、離乳を進めていく中で、様々な食品に少しずつ慣れ、食べることを楽しむ。
④ 一人一人の生活のリズムに応じて、安全な環境の下で十分に午睡をする。
⑤ おむつ交換や衣服の着脱などを通じて、清潔になることの心地よさを感じる。

(ウ) 内容の取扱い

上記の取扱いに当たっては、次の事項に留意する必要がある。

① 心と体の健康は、相互に密接な関連があるものであることを踏まえ、温かい触れ合いの中で、心と体の発達を促すこと。特に、寝返り、お座り、はいはい、つかまり立ち、伝い歩きなど、発育に応じて、遊びの中で体を動かす機会を十分に確保し、自ら体を動かそうとする意欲が育つようにすること。
② 健康な心と体を育てるためには望ましい食習慣の形成が重要であることを踏まえ、離乳食が完了期へと徐々に移行する中で、様々な食品に慣れるようにするとともに、和やかな雰囲気の中で食べる喜びや楽しさを味わい、進んで食べようとする気持ちが育つようにすること。なお、食物アレルギーのある子どもへの対応については、嘱託医等の指示や協力の下に適切に対応すること。

イ 身近な人と気持ちが通じ合う受容的・応答的な関わりの下で、何かを伝えようとする意欲や身近な大人との信頼関係を育て、人と関わる力の基盤を培う。

(ア)ねらい
　　①安心できる関係の下で，身近な人と共に過ごす喜びを感じる。
　　②体の動きや表情，発声等により，保育士等と気持ちを通わせようとする。
　　③身近な人と親しみ，関わりを深め，愛情や信頼感が芽生える。
　(イ)内容
　　①子どもからの働きかけを踏まえた，応答的な触れ合いや言葉がけによって，欲求が満たされ，安定感をもって過ごす。
　　②体の動きや表情，発声，喃語等を優しく受け止めてもらい，保育士等とのやり取りを楽しむ。
　　③生活や遊びの中で，自分の身近な人の存在に気付き，親しみの気持ちを表す。
　　④保育士等による語りかけや歌いかけ，発声や喃語等への応答を通じて，言葉の理解や発語の意欲が育つ。
　　⑤温かく，受容的な関わりを通じて，自分を肯定する気持ちが芽生える。
　(ウ)内容の取扱い
　　上記の取扱いに当たっては，次の事項に留意する必要がある。
　　①保育士等との信頼関係に支えられて生活を確立していくことが人と関わる基盤となることを考慮して，子どもの多様な感情を受け止め，温かく受容的・応答的に関わり，一人一人に応じた適切な援助を行うようにすること。
　　②身近な人に親しみをもって接し，自分の感情などを表し，それに相手が応答する言葉を聞くことを通して，次第に言葉が獲得されていくことを考慮して，楽しい雰囲気の中での保育士等との関わり合いを大切にし，ゆっくりと優しく話しかけるなど，積極的に言葉のやり取りを楽しむことができるようにすること。
ウ身近なものと関わり感性が育つ身近な環境に興味や好奇心をもって関わり，感じたことや考えたことを表現する力の基盤を培う。
　(ア)ねらい
　　①身の回りのものに親しみ，様々なものに興味や関心をもつ。
　　②見る，触れる，探索するなど，身近な環境に自分から関わろうとする。
　　③身体の諸感覚による認識が豊かになり，表情や手足，体の動き等で表現する。
　(イ)内容
　　①身近な生活用具，玩具や絵本などが用意された中で，身の回りのものに対する興味や好奇心をもつ。
　　②生活や遊びの中で様々なものに触れ，音，形，色，手触りなどに気付き，感覚の働きを豊かにする。
　　③保育士等と一緒に様々な色彩や形のものや絵本などを見る。
　　④玩具や身の回りのものを，つまむ，つかむ，たたく，引っ張るなど，手や指を使って遊ぶ。
　　⑤保育士等のあやし遊びに機嫌よく応じたり，歌やリズムに合わせて手足や体を動かして楽しんだりする。
　(ウ)内容の取扱い
　　上記の取扱いに当たっては，次の事項に留意する必要がある。
　　①玩具などは，音質，形，色，大きさなど子どもの発達状態に応じて適切なものを選び，その時々の子どもの興味や関心を踏まえるなど，遊びを通して感覚の発達が促されるものとなるように工夫すること。なお，安全な環境の下で，子どもが探索意欲を満たして自由に遊べるよう，身の回りのものについては，常に十分な点検を行うこと。
　　②乳児期においては，表情，発声，体の動きなどで，感情を表現することが多いことから，これらの表現しようとする意欲を積極的に受け止めて，子どもが様々な活動を楽しむことを通して表現が豊かになるようにすること。
(3)保育の実施に関わる配慮事項
　ア乳児は疾病への抵抗力が弱く，心身の機能の未熟さに伴う疾病の発生が多いことから，一人一人の発育及び発達状態や健康状態についての適切な判断に基づく保健的な対応を行うこと。
　イ一人一人の子どもの生育歴の違いに留意しつつ，欲求を適切に満たし，特定の保育士が応答的に関わるように努めること。
　ウ乳児保育に関わる職員間の連携や嘱託医との連携を図り，第3章に示す事項を踏まえ，適切に対応すること。栄養士及び看護師等が配置されている場合は，その専門性を生かした対応を図ること。
　エ保護者との信頼関係を築きながら保育を進めるとともに，保護者からの相談に応じ，保護者への支援に努めていくこと。
　オ担当の保育士が替わる場合には，子どものそれまでの生育歴や発達過程に留意し，職員間で協力して対応すること。
2　1歳以上3歳未満児の保育に関わるねらい及び内容
(1)基本的事項
　アこの時期においては，歩き始めから，歩く，走る，跳ぶなどへと，基本的な運動機能が次第に発達し，排泄の自立のための身体的機能も整うようになる。つまむ，めくるなどの指先の機能も発達し，食事，衣類の着脱なども，保育士等の援助の下で自分で行うようになる。発声も明瞭になり，語彙も増加し，自分の意思や欲求

を言葉で表出できるようになる。このように自分でできることが増えてくる時期であることから，保育士等は，子どもの生活の安定を図りながら，自分でしようとする気持ちを尊重し，温かく見守るとともに，愛情豊かに，応答的に関わることが必要である。
イ 本項においては，この時期の発達の特徴を踏まえ，保育の「ねらい」及び「内容」について，心身の健康に関する領域「健康」，人との関わりに関する領域「人間関係」，身近な環境との関わりに関する領域「環境」，言葉の獲得に関する領域「言葉」及び感性と表現に関する領域「表現」としてまとめ，示している。
ウ 本項の各領域において示す保育の内容は，第1章の2に示された養護における「生命の保持」及び「情緒の安定」に関わる保育の内容と，一体となって展開されるものであることに留意が必要である。

(2) ねらい及び内容
ア 健　康　健康な心と体を育て，自ら健康で安全な生活をつくり出す力を養う。
(ｱ) ねらい
① 明るく伸び伸びと生活し，自分から体を動かすことを楽しむ。
② 自分の体を十分に動かし，様々な動きをしようとする。
③ 健康，安全な生活に必要な習慣に気付き，自分でしてみようとする気持ちが育つ。
(ｲ) 内　容
① 保育士等の愛情豊かな受容の下で，安定感をもって生活をする。
② 食事や午睡，遊びと休息など，保育所における生活のリズムが形成される。
③ 走る，跳ぶ，登る，押す，引っ張るなど全身を使う遊びを楽しむ。
④ 様々な食品や調理形態に慣れ，ゆったりとした雰囲気の中で食事や間食を楽しむ。
⑤ 身の回りを清潔に保つ心地よさを感じ，その習慣が少しずつ身に付く。
⑥ 保育士等の助けを借りながら，衣類の着脱を自分でしようとする。
⑦ 便器での排泄に慣れ，自分で排泄ができるようになる。
(ｳ) 内容の取扱い
上記の取扱いに当たっては，次の事項に留意する必要がある。
① 心と体の健康は，相互に密接な関連があるものであることを踏まえ，子どもの気持ちに配慮した温かい触れ合いの中で，心と体の発達を促すこと。特に，一人一人の発育に応じて，体を動かす機会を十分に確保し，自ら体を動かそうとする意欲が育つようにすること。
② 健康な心と体を育てるためには望ましい食習慣の形成が重要であることを踏まえ，ゆったりとした雰囲気の中で食べる喜びや楽しさを味わい，進んで食べようとする気持ちが育つようにすること。なお，食物アレルギーのある子どもへの対応については，嘱託医等の指示や協力の下に適切に対応すること。
③ 排泄の習慣については，一人一人の排尿間隔等を踏まえ，おむつが汚れていないときに便器に座らせるなどにより，少しずつ慣れさせるようにすること。
④ 食事，排泄，睡眠，衣類の着脱，身の回りを清潔にすることなど，生活に必要な基本的な習慣については，一人一人の状態に応じ，落ち着いた雰囲気の中で行うようにし，子どもが自分でしようとする気持ちを尊重すること。また，基本的な生活習慣の形成に当たっては，家庭での生活経験に配慮し，家庭との適切な連携の下で行うようにすること。

イ 人間関係　他の人々と親しみ，支え合って生活するために，自立心を育て，人と関わる力を養う。
(ｱ) ねらい
① 保育所での生活を楽しみ，身近な人と関わる心地よさを感じる。
② 周囲の子ども等への興味や関心が高まり，関わりをもとうとする。
③ 保育所の生活の仕方に慣れ，きまりの大切さに気付く。
(ｲ) 内　容
① 保育士等や周囲の子ども等との安定した関係の中で，共に過ごす心地よさを感じる。
② 保育士等の受容的・応答的な関わりの中で，欲求を適切に満たし，安定感をもって過ごす。
③ 身の回りに様々な人がいることに気付き，徐々に他の子どもと関わりをもって遊ぶ。
④ 保育士等の仲立ちにより，他の子どもとの関わり方を少しずつ身につける。
⑤ 保育所の生活の仕方に慣れ，きまりがあることや，その大切さに気付く。
⑥ 生活や遊びの中で，年長児や保育士等の真似をしたり，ごっこ遊びを楽しんだりする。
(ｳ) 内容の取扱い
上記の取扱いに当たっては，次の事項に留意する必要がある。
① 保育士等との信頼関係に支えられて生活を確立するとともに，自分で何かをしようとする気持ちが旺盛になる時期であることに鑑み，そのような子どもの気持ちを尊重し，温かく見守るとともに，愛情豊かに，応答的に関わり，適切な援助を行う

ようにすること。
②思い通りにいかない場合等の子どもの不安定な感情の表出については，保育士等が受容的に受け止めるとともに，そうした気持ちから立ち直る経験や感情をコントロールすることへの気付き等につなげていけるように援助すること。
③この時期は自己と他者との違いの認識がまだ十分ではないことから，子どもの自我の育ちを見守るとともに，保育士等が仲立ちとなって，自分の気持ちを相手に伝えることや相手の気持ちに気付くことの大切さなど，友達の気持ちや友達との関わり方を丁寧に伝えていくこと。

ウ 環　境　周囲の様々な環境に好奇心や探究心をもって関わり，それらを生活に取り入れていこうとする力を養う。
　(ア)ねらい
　　①身近な環境に親しみ，触れ合う中で，様々なものに興味や関心をもつ。
　　②様々なものに関わる中で，発見を楽しんだり，考えたりしようとする。
　　③見る，聞く，触るなどの経験を通して，感覚の働きを豊かにする。
　(イ)内　容
　　①安全で活動しやすい環境での探索活動等を通して，見る，聞く，触れる，嗅ぐ，味わうなどの感覚の働きを豊かにする。
　　②玩具，絵本，遊具などに興味をもち，それらを使った遊びを楽しむ。
　　③身の回りの物に触れる中で，形，色，大きさ，量などの物の性質や仕組みに気付く。
　　④自分の物と人の物の区別や，場所的感覚など，環境を捉える感覚が育つ。
　　⑤身近な生き物に気付き，親しみをもつ。
　　⑥近隣の生活や季節の行事などに興味や関心をもつ。
　(ウ)内容の取扱い
　　上記の取扱いに当たっては，次の事項に留意する必要がある。
　　①玩具などは，音質，形，色，大きさなど子どもの発達状態に応じて適切なものを選び，遊びを通して感覚の発達が促されるように工夫すること。
　　②身近な生き物との関わりについては，子どもが命を感じ，生命の尊さに気付く経験へとつながるものであることから，そうした気付きを促すような関わりとなるようにすること。
　　③地域の生活や季節の行事などに触れる際には，社会とのつながりや地域社会の文化への気付きにつながるものとなることが望ましいこと。その際，保育所内外の行事や地域の人々との触れ合いなどを通して行うこと等も考慮すること。

エ 言　葉　経験したことや考えたことなどを自分なりの言葉で表現し，相手の話す言葉を聞こうとする意欲や態度を育て，言葉に対する感覚や言葉で表現する力を養う。
　(ア)ねらい
　　①言葉遊びや言葉で表現する楽しさを感じる。
　　②人の言葉や話などを聞き，自分でも思ったことを伝えようとする。
　　③絵本や物語等に親しむとともに，言葉のやり取りを通じて身近な人と気持ちを通わせる。
　(イ)内　容
　　①保育士等の応答的な関わりや話しかけにより，自ら言葉を使おうとする。
　　②生活に必要な簡単な言葉に気付き，聞き分ける。
　　③親しみをもって日常の挨拶に応じる。
　　④絵本や紙芝居を楽しみ，簡単な言葉を繰り返したり，模倣をしたりして遊ぶ。
　　⑤保育士等とごっこ遊びをする中で，言葉のやり取りを楽しむ。
　　⑥保育士等を仲立ちとして，生活や遊びの中で友達との言葉のやり取りを楽しむ。
　　⑦保育士等や友達の言葉や話に興味や関心をもって，聞いたり，話したりする。
　(ウ)内容の取扱い
　　上記の取扱いに当たっては，次の事項に留意する必要がある。
　　①身近な人に親しみをもって接し，自分の感情などを伝え，それに相手が応答し，その言葉を聞くことを通して，次第に言葉が獲得されていくものであることを考慮して，楽しい雰囲気の中で保育士等との言葉のやり取りができるようにすること。
　　②子どもが自分の思いを言葉で伝えるとともに，他の子どもの話などを聞くことを通して，次第に話を理解し，言葉による伝え合いができるようになるよう，気持ちや経験等の言語化を行うことを援助するなど，子ども同士の関わりの仲立ちを行うようにすること。
　　③この時期は，片言から，二語文，ごっこ遊びでのやり取りができる程度へと，大きく言葉の習得が進む時期であることから，それぞれの子どもの発達の状況に応じて，遊びや関わりの工夫など，保育の内容を適切に展開することが必要であること。

オ 表　現　感じたことや考えたことを自分なりに表現することを通して，豊かな感性や表現する力を養い，創造性を豊かにする。
　(ア)ねらい
　　①身体の諸感覚の経験を豊かにし，様々な感覚を味わう。
　　②感じたことや考えたことなどを自分なりに表現し

ようとする。
③生活や遊びの様々な体験を通して，イメージや感性が豊かになる。

(イ)内　容
①水，砂，土，紙，粘土など様々な素材に触れて楽しむ。
②音楽，リズムやそれに合わせた体の動きを楽しむ。
③生活の中で様々な音，形，色，手触り，動き，味，香りなどに気付いたり，感じたりして楽しむ。
④歌を歌ったり，簡単な手遊びや全身を使う遊びを楽しんだりする。
⑤保育士等からの話や，生活や遊びの中での出来事を通して，イメージを豊かにする。
⑥生活や遊びの中で，興味のあることや経験したことなどを自分なりに表現する。

(ウ)内容の取扱い
上記の取扱いに当たっては，次の事項に留意する必要がある。
①子どもの表現は，遊びや生活の様々な場面で表出されているものであることから，それらを積極的に受け止め，様々な表現の仕方や感性を豊かにする経験となるようにすること。
②子どもが試行錯誤しながら様々な表現を楽しむことや，自分の力でやり遂げる充実感などに気付くよう，温かく見守るとともに，適切に援助を行うようにすること。
③様々な感情の表現等を通じて，子どもが自分の感情や気持ちに気付くようになる時期であることに鑑み，受容的な関わりの中で自信をもって表現をすることや，諦めずに続けた後の達成感等を感じられるような経験が蓄積されるようにすること。
④身近な自然や身の回りの事物に関わる中で，発見や心が動く経験が得られるよう，諸感覚を働かせることを楽しむ遊びや素材を用意するなど保育の環境を整えること。

(3)保育の実施に関わる配慮事項
ア特に感染症にかかりやすい時期であるので，体の状態，機嫌，食欲などの日常の状態の観察を十分に行うとともに，適切な判断に基づく保健的な対応を心がけること。
イ探索活動が十分できるように，事故防止に努めながら活動しやすい環境を整え，全身を使う遊びなど様々な遊びを取り入れること。
ウ自我が形成され，子どもが自分の感情や気持ちに気付くようになる重要な時期であることに鑑み，情緒の安定を図りながら，子どもの自発的な活動を尊重するとともに促していくこと。
エ担当の保育士が替わる場合には，子どものそれまでの経験や発達過程に留意し，職員間で協力して対応すること。

3　3歳以上児の保育に関するねらい及び内容
(1)基本的事項
ア　この時期においては，運動機能の発達により，基本的な動作が一通りできるようになるとともに，基本的な生活習慣もほぼ自立できるようになる。理解する語彙数が急激に増加し，知的興味や関心も高まってくる。仲間と遊び，仲間の中の一人という自覚が生じ，集団的な遊びや協同的な活動も見られるようになる。これらの発達の特徴を踏まえて，この時期の保育においては，個の成長と集団としての活動の充実が図られるようにしなければならない。
イ　本項においては，この時期の発達の特徴を踏まえ，保育の「ねらい」及び「内容」について，心身の健康に関する領域「健康」，人との関わりに関する領域「人間関係」，身近な環境との関わりに関する領域「環境」，言葉の獲得に関する領域「言葉」及び感性と表現に関する領域「表現」としてまとめ，示している。
ウ　本項の各領域において示す保育の内容は，第1章の2に示された養護における「生命の保持」及び「情緒の安定」に関わる保育の内容と，一体となって展開されるものであることに留意が必要である。
※3歳以上児の本項目，ねらい及び内容は，幼稚園教育要領の「第2章　ねらい及び内容」にほぼ準じるため，紙福の都合で省略する。

(3)保育の実施に関わる配慮事項
ア第1章の4の(2)に示す「幼児期の終わりまでに育ってほしい姿」が，ねらい及び内容に基づく活動全体を通して資質・能力が育まれている子どもの小学校就学時の具体的な姿であることを踏まえ，指導を行う際には適宜考慮すること。
イ子どもの発達や成長の援助をねらいとした活動の時間については，意識的に保育の計画等において位置付けて，実施することが重要であること。なお，そのような活動の時間については，保護者の就労状況等に応じて子どもが保育所で過ごす時間がそれぞれ異なることに留意して設定すること。
ウ特に必要な場合には，各領域に示すねらいの趣旨に基づいて，具体的な内容を工夫し，それを加えても差し支えないが，その場合には，それが第1章の1に示す保育所保育に関する基本原則を逸脱しないよう慎重に配慮する必要があること。

4　保育の実施に関して留意すべき事項
(1)保育全般に関わる配慮事項
ア子どもの心身の発達及び活動の実態などの個人差を踏まえるとともに，一人一人の子どもの気持ちを受け止め，援助すること。
イ子どもの健康は，生理的・身体的な育ちとともに，自

主性や社会性，豊かな感性の育ちとがあいまってもたらされることに留意すること。
ウ 子どもが自ら周囲に働きかけ，試行錯誤しつつ自分の力で行う活動を見守りながら，適切に援助すること。
エ 子どもの入所時の保育に当たっては，できるだけ個別的に対応し，子どもが安定感を得て，次第に保育所の生活になじんでいくようにするとともに，既に入所している子どもに不安や動揺を与えないようにすること。
オ 子どもの国籍や文化の違いを認め，互いに尊重する心を育てるようにすること。
カ 子どもの性差や個人差にも留意しつつ，性別などによる固定的な意識を植え付けることがないようにすること。

(2) 小学校との連携

ア 保育所においては，保育所保育が，小学校以降の生活や学習の基盤の育成につながることに配慮し，幼児期にふさわしい生活を通じて，創造的な思考や主体的な生活態度などの基礎を培うようにすること。
イ 保育所保育において育まれた資質・能力を踏まえ，小学校教育が円滑に行われるよう，小学校教師との意見交換や合同の研究の機会などを設け，第1章の4の(2)に示す「幼児期の終わりまでに育って欲しい姿」を共有するなど連携を図り，保育所保育と小学校教育との円滑な接続を図るよう努めること。
ウ 子どもに関する情報共有に関して，保育所に入所している子どもの就学に際し，市町村の支援の下に，子どもの育ちを支えるための資料が保育所から小学校へ送付されるようにすること。

(3) 家庭及び地域社会との連携

子どもの生活の連続性を踏まえ，家庭及び地域社会と連携して保育が展開されるよう配慮すること。その際，家庭や地域の機関及び団体の協力を得て，地域の自然，高齢者や異年齢の子ども等を含む人材，行事，施設等の地域の資源を積極的に活用し，豊かな生活体験をはじめ保育内容の充実が図られるよう配慮すること。

●著者紹介●

## 渡辺一洋（わたなべ　かずひろ）

　1978年　　新潟県生まれ
　2011年　　兵庫教育大学連合大学院芸術領域修了
　現　在　　育英短期大学保育学科准教授

[ 主な著書 ]
　『洋画家・織田廣喜の世界－織田美術館を訪ねて』星雲社　2010（単著）
　『造形表現・図画工作』建帛社　2014（共著）

幼児の造形表現

2015年1月20日　第1版第1刷発行
2018年2月 1日　第1版第2刷発行

| | |
|---|---|
| ●著　者 | 渡辺一洋 |
| ●発行者 | 長渡　晃 |
| ●発行所 | 有限会社　ななみ書房 |
| | 〒252-0317　神奈川県相模原市南区御園1-18-57 |
| | TEL 042-740-0773 |
| | http://773books.jp |
| ●絵・デザイン | 渡辺一洋・内海　亨 |
| ●印刷・製本 | 協友印刷株式会社 |

©2015　K .Watanabe
ISBN978-4-903355-38-2
Printed in Japan

定価は表紙に記載してあります／乱丁本・落丁本はお取替えいたします